EN DEFENSA DEL LIBRE EJERCICIO DE LA PROFESIÓN DE ABOGADO Y LA INDEPENDENCIA JUDICIAL

INTER-AMERICAN BAR ASSOCIATION
FEDERACIÓN INTERAMERICANA DE
ABOGADOS
FEDERAÇÃO INTERAMERICANA DE
ADVOGADOS
FEDERATION INTER-AMERICAINE DES AVOCATS

EN DEFENSA DEL LIBRE EJERCICIO DE LA PROFESIÓN DE ABOGADO Y LA INDEPENDENCIA JUDICIAL

Amicus Curiae presentado por la
Inter-American Bar Association
ante la Corte Interamericana de
Derechos Humanos en el caso
Allan R. Brewer-Carías vs. Venezuela

Federación Interamericana de Abogados

Washington, D.C., 2013

©   Inter-American Bar Association
Dirección: 1211 Connecticut Avenue N.W.
Suite 202, Washington D.C. 20036, USA.
Tel +1202-466-5944 Fax +1202-466-5946
E-Mail: iaba@iaba.org

Editorial Jurídica Venezolana
Avda. Francisco Solano López, Torre Oasis, P.B., Local 4, Sabana Grande.
Apartado 17.598-Caracas, 1015, Venezuela
Teléfono 762-25-53 / 762-38-42 / Fax. 763-52-39
Email fejv@cantv.net
http://editorialjurídicavenezolana.com.ve

Hecho el Depósito de Ley
ISBN: 978-980-365-235-7
Depósito Legal: LF54020133403943
Primera edición: Caracas, 2013

Diagramación, composición y montaje
por: Francis Gil, en letra
Time New Roman 12, Interlineado Exacto 14, Mancha 18,5x11,5

CONTENIDO

APÉNDICE I

INFORME DE FONDO Y SOMETIMIENTO DEL CASO ANTE LA CORTE INTERAMERICANA DE DERECHOS HUMANOS POR LA COMISIÓN INTERAMERICANA DE DERECHOS HUMANOS EN EL CASO ALLAN R. BREWER-CARÍAS VS. VENEZUELA

I. SOMETIMIENTO DEL CASO ANTE LA CORTE INTER-AMERICANA DE DERECHOS HUMANOS, 7 DE MARZO DE 2012

II. INFORME DE FONDO Nº 171/11 DE LA COMISIÓN IN-TERAMERICANA DE DERECHOS HUMANOS, 3 NO-VIEMBRE 2011

APÉNDICE II

CONOCIMIENTO DEL CASO DEL PROFESOR ALLAN R. BREWER-CARÍAS POR LA FEDERACIÓN IN-TERAMERICANA DE ABOGADOS EN LA *XLI CONFE-RENCIA* CELEBRADA EN BUENOS AIRES, EN JUNIO DE 2005

I. EXPOSICIÓN DEL PROFESOR BREWER CARÍAS ANTE EL CONSEJO GENERAL DE LA FEDERACIÓN INTER-AMERICANA DE ABOGADOS, EL 29 DE JUNIO DE 2005

II. RESOLUCIÓN Nº 5 DE LA FEDERACIÓN INTERAMERI-CANA DE ABOGADOS ADOPTADA EN LA *XLI CONFE-RENCIA* CELEBRADA EN BUENOS AIRES, EN JUNIO DE 2005

PRESENTACIÓN

José Alberto Álvarez Álvarez

Presidente de la
Federación Interamericana de Abogados

Con una gran satisfacción y sano orgullo presento a nuestros respetados Consejeros, Miembros y, en general, a la abogacía del continente americano, esta importante obra titulada *"En Defensa del Libre Ejercicio de la Profesión de Abogado y la Independencia Judicial"*, basado primordialmente en el *Amicus Curiae* sometido por la Federación Interamericana de Abogados (FIA) a la Corte Interamericana de Derechos Humanos en el caso denominado *"Allan R. Brewer-Carías vs. Venezuela"* en el mes de septiembre de 2013. En efecto, el presente libro tiene por objeto dar a conocer de manera amplia y con claridad las posiciones jurídicas de la FIA sobre dos principios fundamentales que gobiernan su razón de ser, y que están nítidamente expresados en sus Estatutos: el principio de la libertad de la abogacía, y el principio de la independencia judicial.

De esta manera, la FIA ha deseado expresarse procesalmente en el caso antes referido, a fin de defender y promover los valores jurídicos en juego en el mismo, y busca mediante este libro, brindar un adecuado conocimiento de estos dos principios fundamentales del Estado de Derecho a lo largo del hemisferio. Así también, esperamos, que el *Amicus Curiae* de la FIA coadyuvará a una adecuada resolución del caso sobre temas jurídicos que son de enorme importancia para la vitalidad de la abogacía en nuestro continente.

La decisión de presentar el *Amicus Curiae* fue adoptada unánimemente por el Consejo de la FIA –que es su máxima autoridad institucional— en su reunión celebrada en octubre de 2012 en la ciudad de Miami Beach, Florida. La presentación del Amicus Curiae se efectuó en San José de Costa Rica el 3 de septiembre de 2013. El *Amicus Curiae* incluido en la presente obra fue preparado por un grupo de trabajo presidido por el Presidente del Comité de Derecho Constitucional de la FIA, Dr. Fernando Saenger, e integrado por distinguidos abogados de la FIA, Dres. Renaldy Gutiérrez y Dante Figueroa, con la colaboración de las abogadas Katharine Nylund y Delphine Patetif, y ha sido prologado por el destacado jurista panameño Ítalo Antinori. Adicionalmente, deseo expresar un sincero agradecimiento a la Fundación Mezerhane por su valioso apoyo en la publicación de la presente obra.

El libro incluye, además del *Amicus Curiae*, el apéndice en el cual hemos incluido unos valiosos documentos, relevantes además para la comprensión y apreciación del caso en cuestión, la *"Nota de Sometimiento del Caso,"* el *Informe de Fondo* y los *Alegatos Finales* en la audiencia formulados por la Comisión Interamericana de Derechos Humanos.

Finalmente, sólo me resta renovar el compromiso histórico y profundo de la Federación Interamericana de Abogados con principios que trascienden las fronteras físicas y políticas de nuestro continente, y sin los cuales no existiría ni paz social, ni justicia, ni derecho, y últimamente civilización, a saber: la libertad de expresión de los abogados —que implica la total exclusión de la criminalización y persecución política de los mismos— y la independencia judicial, sin los cuales no podrá darse un verdadero Estado de Derecho en nuestro continente americano.

Washington, D.C., 4 de noviembre de 2013

INTRODUCCIÓN

Fernando Saenger Gianoni

Presidente del
Comité de Derecho Constitucional de la Federación
Interamericana de Abogados

En la Conferencia Anual celebrada por la Federación Interamericana de Abogados (FIA), en Junio del año 2005, en la ciudad de Buenos Aires, Argentina, algunos colegas venezolanos plantearon la grave situación en la cual se encontraba nuestro distinguido colega, amigo y socio de la FIA, profesor Allan R. Brewer-Carías, quien incluso, fue recibido en una de las sesiones de la Conferencia.

En esa ocasión el profesor Brewer-Carías expuso personalmente su caso ante los miembros de la FIA, denunciando la violación de sus derechos y garantías judiciales en el proceso penal que se le seguía en Venezuela, por supuestamente haber tenido participación en la redacción de documentos para la organización de un gobierno de transición, luego del abortado golpe de Estado de abril del 2002, cuando los militares anunciaron la renuncia del entonces Presidente Chávez. Se le imputaba haber participado en ello junto con Pedro Carmona, no obstante que su actuación había sido estrictamente la de abogado y profesor, habiéndose limitado a dar una opinión jurídica que el Sr. Carmona le había solicitado puntualmente en medio de esa crisis; opinión jurídica que incluso fue contraria a lo que se decretó.

Meses después de la reunión de Buenos Aires, y con ocasión de un viaje académico, luego de denunciar en su país la criminalización que se había hecho de su actuación como abogado y la violación masiva de sus derechos y garantías judiciales y de su libertad de expresión, el profesor Brewer-Carías tuvo que permanecer fuera de Venezuela, residenciándose en los Estados Unidos.

Pasaron los años y con motivo de las continuas violaciones a sus derechos y garantías constitucionales, el profesor Brewer-Carías dedujo la demanda correspondiente ante la Comisión Interamericana de Derechos Humanos de Washington, la que después de un largo análisis, estudio y preparación, llevó el caso a la Corte Interamericana de Derechos Humanos que funciona en San José de Costa Rica.

En el Consejo de nuestra Federación, celebrado en Octubre del 2012, en la ciudad de Miami Beach, se encomendó al Comité de Derecho Constitucional, que me honro presidir y a los doctores Renaldy Gutiérrez y Dante Figueroa, para concurrir ante la Corte en defensa de los principios jurídicos involucrados en el caso del profesor Brewer-Carías, redactando el *Amicus Curiae* que se incluye en esta publicación.

Así pues, se trabajó intensamente en la elaboración de borradores y documentos, reuniones en Miami y Paraguay y numerosos correos electrónicos y conversaciones telefónicas hasta lograr un texto definitivo, que es el documento contenido en la obra presente.

La Corte Interamericana de Derechos Humanos, programó su "100 Período Ordinario de Sesiones *Caso Brewer-Carías Vs. Venezuela*. Audiencia pública sobre la excepción preliminar y los eventuales fondo, reparaciones y costas". La fecha fue el 3 y 4 de Septiembre del 2013.

El 3 de Septiembre pasado, comparecimos personalmente en San José, ante la Corte de Derechos Humanos, nuestro ex Presidente y colega Dr. Renaldy Gutiérrez y el infrascrito. Allí entregamos en forma personal el texto definitivo del *Amicus Curiae* en el caso del profesor Brewer-Carías.

Según la Comisión Interamericana, los hechos en este caso, están relacionados con la supuesta "Falta de Garantías Judicial y Protección Judicial en el Proceso seguido en contra de Allan Brewer Carías, por el delito de conspiración para cambiar violentamente la Constitución, en el contexto de los hechos ocurridos entre el 11 y el 13 de abril del 2002 en Venezuela."

Entre el 3 y 4 de Septiembre pasado, se llevaron a efecto las audiencias, con la asistencia de numeroso público y gran cantidad de periodistas.

Venezuela se defendió con la actuación del representante del Estado, abogado Germán Saltrón.

Por el profesor Brewer-Carías comparecieron los abogados y profesores Pedro Nikken, Claudio Grossman, Héctor Faúndez, Juan Méndez y Doug Cassel.

Los jueces presentes en la audiencia, fueron los siguientes:

-Diego García-Sayán (Perú), Presidente.

-Manuel E. Ventura Robles (Costa Rica), Vice-Presidente.

-Alberto Pérez Pérez (Uruguay).

-Roberto F. Caldas (Brasil).

-Humberto Antonio Sierra Porto (Colombia), y

-Eduardo Ferrer Mac-Gregor Poisot (México).

El Secretario de la Corte es el señor Pablo Saavedra Alessandri (Chile) y la Secretaria Adjunta es la señora Emilia Segares Rodríguez (Costa Rica). El Juez Eduardo Vio Grossi (Chile) se excusó de conocer el presente caso, de conformidad con los artículos 19.2 del Estatuto y 21 del Reglamento, lo cual fue aceptado por el Presidente, en consulta con los demás jueces del Tribunal.

Venezuela aceptó la competencia de la Corte Interamericana de Derechos Humanos el 24 de junio del 1981, y en los últimos meses con la decisión del ex Presidente Chávez y luego ratificado por el

Presidente Maduro, de denunciar la Convención Americana de Derechos Humanos, han formalizado su retiro oficial de la Corte.

Se puede dejar la Corte pero no la Comisión, porque si fuere así, Venezuela tendría que retirarse de la OEA.

La Comisión no tiene imperio pero sí la Corte.

De este modo, sólo las acciones y hechos hasta el 9 de septiembre pasado, serán materia de competencia de la Corte.

Hay 11 de 15 sentencias en que la Corte demostró la violación de los derechos humanos de personas en cuanto a garantías y protección judiciales.

Según Maduro, la Corte sería un "brazo del imperio para agredir a Venezuela, o un instrumento de persecución de gobiernos progresistas".

En resumen, nuestra Federación puede sentirse satisfecha por haber cumplido con una de sus funciones fundamentales, cual es la lucha por el estado de derecho y la defensa de principios fundamentales relacionados con el ejercicio de la abogacía y la independencia judicial en casos que afectan a nuestros colegas.

Este libro que estamos presentando constituye un hito histórico en la defensa de la dignidad y del prestigio de nuestra profesión, y es un legado para las futuras generaciones en la lucha por el derecho democrático constitucional.

PRÓLOGO

Italo Isaac Antinori Bolaños

*Doctor en Derecho
(Especializado en Derecho Constitucional)
Universidad Complutense de Madrid, España.
Primer Defensor del Pueblo de la
República de Panamá (1997-2001)*

Si bien es cierto que presentar un denominado "Amicus Curiae" ante la Corte Interamericana de Derechos Humanos pareciera no ser un documento jurídicamente muy complicado, no es menos cierto que es un acto jurídico, profesional y cívico de enorme responsabilidad para la conciencia moral de quien lo presenta. El 26 de enero de 1999 nos correspondió presentar ante la Corte Interamericana de Derechos Humanos del Continente Americano, en San José, Costa Rica – en mi condición de Primer Defensor del Pueblo de la República de Panamá – un memorial de "Amicus Curiae" a favor de los trabajadores panameños que habían sido injustamente despedidos por la nefasta Ley N° 25 de 14 de diciembre de 1990, acusados de haber participado como cómplices en un supuesto intento de golpe de Estado que ocurrió diez (10) días antes de que aprobaran la Ley que se dictó para justificar sus despidos, es decir por un hecho ocurrido el cuatro (4) de diciembre de 1990, dándole una inadmisible y vergonzosa retroactividad a dicha ley. Y lo más peripatético e inaudito es que los tribunales de justicia – en el transcurso de la demanda internacional – declararon inocente al supuesto autor material de los hechos o intento de golpe de Estado. Por consiguiente, ¿cómo podían justificarse los despidos, puesto que si no había un autor material, cómo podía haber cómplices o participantes? En esa ocasión, no solo me convertí en el primer ciudadano panameño en presentar un "Amicus Curiae" ante dicho organismo continental, sino que fui partícipe de la primera condena formal que la Corte Interamericana de Derechos Humanos dictó en contra del Estado panameño, por violar derechos sociales y laborales protegidos en la Convención Americana de los Derechos Humanos, en perjuicio de más de doscientos setenta (270) trabajadores de determinadas empresas estatales (caso 11,325 **BAENA, RICARDO Y OTROS**)

En esta ocasión, nos aprestamos a comentar el sesudo "Amicus Curiae" propuesto por ilustres abogados del conteniente americano dignatarios de la Federación Interamericana de Abogados (FIA), ante la Corte Interamericana de Derechos Humanos, en agosto del 2013. Tan importante e histórico documento para la abogacía del continente, fue presentado por el **LCDO. JOSÉ ALBERTO ÁLVAREZ** en su condición de Presidente de la Federación Interamericana de Abogados (FIA), por los **DOCTORES RENALDY J. GUTIÉRREZ** ex Presidente de la Federación Interamericana de Abogados (FIA), así como por los distinguidos juristas **FERNANDO SAENGER GIANONI,** Presidente del Comité de Derecho Constitucional de la Federación Interamericana de Abogados (FIA), y **DANTE FIGUEROA,** ex Secretario General de la Federación Interamericana de Abogados (FIA). El "Amicus Curiae" se presentó en el caso identificado como el N° 12.274 **ALLAN R. BREWER-CARÍAS contra la REPÚBLICA BOLIVARIANA DE VENEZUELA** en que se debaten aspectos muy importantes para la abogacía continental inherentes al libre ejercicio de la profesión y el respeto y acatamiento a la Convención Interamericana de Derechos Humanos. El precedente que dicte la Corte Interamericana de Derechos Humanos, será vital y fundamental para los abogados del continente. Por tanto, aparte de otras no menos importantes consideraciones sobre el fondo del litigio internacional – que trataremos de analizar más adelante de forma breve – el centro de atención del proceso ha conducido de forma responsable a la Federación Interamericana de Abogados (FIA) a interesarse por el resultado del caso y a presentar lo que consideramos un histórico alegato que no sólo quedará para la posteridad, sino que será manual de obligada consulta para los abogados y estudiosos del mundo jurídico sobre la importancia del ejercicio de la profesión sin el riesgo de sufrir ataques so pretexto de confundir la causa que se defiende con la persona del abogado que actúa en ejercicio de su profesión.

1. *Los Derechos Humanos en el ámbito universal*

Cuando después de la Segunda Guerra Mundial, la recién creada Organización de Naciones Unidas (ONU) en la Asamblea General celebrada el 10 de diciembre de 1948, aprobó la Declaración Universal de los Derechos Humanos, estableció y promovió un eficaz instrumento para proteger y defender los derechos fundamentales de las personas, que sirvió como base y fundamento para otras declaraciones.[1] Rápidamente, la importante declaración se irradió en el mundo y fue tomada en cuenta y considerada por organizaciones de los diversos continentes, por grupos y personas de distintas corrientes y concepciones ideológicas, pero, con la absoluta coincidencia, convicción y determinación de que era necesario y urgente el respeto por los Derechos Humanos. El respeto por los Derechos Humanos empieza por el convencimiento de que todas las personas somos iguales y por tanto, tenemos iguales derechos. Que la libertad es uno de los derechos fundamentales para la convivencia social. "Sin libertad no hay derechos" – expresamos en una ocasión cuando nos pidieron en una conferencia que nos refiriéramos al concepto filosófico de la libertad. De igual modo, en reiteradas ocasiones hemos expresado que la libertad, a más de sesenta (60) años de la histórica declaración, no puede ni debe concebirse únicamente como un conjunto de derechos y deberes individuales de la persona en la socie-

---

[1]   Es importante destacar que, siete (7) meses antes, los países del Continente Americano, se habían adelantado y habían aprobado la meritoria "Declaración Americana de los Derechos y Deberes del Hombre" en la novena Conferencia Internacional Americana, celebrada en Bogotá, Colombia, el 2 de mayo de 1948.

dad, sino que la libertad de hoy día incluye no sólo los clásicos derechos individuales, sino también los derechos sociales que deberían adicionarse por derecho y necesidad de la propia sociedad. De manera tal que, la libertad es sinónimo de armonía de las personas en su interactuar individual, pero también debe ser sinónimo de armonía social. Dicho de otro modo –es nuestro criterio– sin armonía social no puede haber libertad, como tampoco sin libertad individual es posible alcanzar alguna armonía social. La libertad debe, por tanto, concebirse de forma integral y tiene dos vertientes que necesariamente tienen que coexistir para que el concepto sea real: la libertad individual y la libertad social. Esto nos lleva a recordar una inmortal frase de Eva María Duarte de Perón, quien decía que "donde hay una necesidad, existe un derecho". Por tanto, no podemos soslayar que la Declaración Universal de los Derechos Humanos surge por la necesidad que tenía la sociedad mundial de aprobar un estatuto fundamental que garantizara los derechos humanos de las personas, inmediatamente después de una cruenta guerra mundial. Es evidente que esta Declaración Universal procura la promoción y protección de los Derechos Humanos sobre la base de la justicia, la paz, la libertad y el reconocimiento de la dignidad, igual para todos los seres. Son los grandes valores de la humanidad, contenidos en una Declaración Universal que se cimienta también sobre conceptos éticos y morales que prevalecen por encima de otras concepciones transitorias.

Es innegable que la Declaración Universal de los Derechos Humanos ha sido y es fuente de inspiración permanente para otras declaraciones y convenios, que la toman como punto de partida esencial para establecer los mecanismos de defensa de los Derechos Humanos. Sus conceptos, además de constituir el fundamento de otras declaraciones, fueron mejorándose y adaptándose a las realidades propias de cada continente y de cada región. Ello ha permitido el progresivo incremento de una conciencia moral de la humanidad que está comprometida con la defensa de los derechos fundamentales.

Tampoco podemos soslayar expresar que, la Declaración Universal de los Derechos Humanos, tiene la virtud de haber sido, al menos, el primer estatuto aceptado por la mayoría de los países del universo que establece principios fundamentales de conducta humana que nos motivan a sostener que desde ese momento, existe la certeza moral y jurídica de que los habitantes de la tierra compartimos valores, principios y conceptos comunes, cuyo objetivo es el respeto a la dignidad del ser humano.

También es importante advertir que desde la Conferencia de San Francisco, en Estados Unidos, realizada a mediados de 1945 –con el objetivo de redactar la carta constitutiva de la Organización de Naciones Unidas– fue unánime el criterio de que era necesario redactar un estatuto para proteger los derechos humanos, aceptado por todos los países. Como consecuencia, en 1946 el denominado Consejo Económico y Social de las Naciones Unidas, creó una comisión de Derechos Humanos cuya presidencia recayó en la señora Eleanor Roosevelt, quien era la viuda del ex presidente de los Estados Unidos, Franklin Delano Roosevelt. Esta comisión trabajó arduamente durante dos años para concluir presentando el anteproyecto de Declaración Universal que, después de múltiples debates y discusiones, fue aprobado en esa histórica Asamblea General de 10 de diciembre de 1948. La aprobación se produjo sin ningún voto en contra y con ocho países que se abstuvieron: la entonces Unión Soviética, la entonces Checoslovaquia, la entonces Yugoslavia, la entonces Unión Sudafricana, así como Ucrania, Bielorrusia, Polonia y Arabia Saudita. A nuestro juicio, la Declaración Universal de los Derechos Humanos no solamente constituye un código de conducta moral para la humanidad, sino que es una fuente intrínseca de derecho internacional. Independientemente de que no fue ratificada ni aprobada como tratado internacional por los distintos países, su clara definición de los derechos humanos y la aceptación unánime que desde su nacimiento ha tenido en el mundo, reafirman el consenso y la ratificación de la comunidad internacional para con esta declaración que, sin duda alguna, establece conceptos comunes para todos los pueblos del Universo. Ella reafirma lo que hemos denominado la conciencia moral que, sin duda alguna debemos fomentar los habitantes del planeta, de manera tal que ayude no sólo a la educación, sino a la concienciación de que es necesario vivir en un mundo más fraternal, más humano y más solidario.

2. *La protección de los Derechos Humanos en el Continente Americano*

Las naciones del continente americano, conscientes de la importancia que constituye la defensa de los Derechos Humanos, aprobaron en la novena Conferencia Internacional Americana, celebrada en Bogotá, Colombia el 2 de mayo de 1948, el primer estatuto de protección de los Derechos Humanos del continente que denominaron "Declaración Americana de los Derechos y Deberes del Hombre". Pocos conocen que esta importante e histórica declaración fue adoptada siete (7) meses antes que la Declaración Universal de los Derechos Humanos, que aprobó la Asamblea General de la Organización de Naciones Unidas el 10 de diciembre de 1948.

Si bien es cierto que la Declaración Universal de los Derechos Humanos fue la primera manifestación aceptada por los países del mundo para la defensa de los derechos fundamentales, no es menos cierto que la Declaración Americana de los Derechos y Deberes del Hombre de 1948, es la mejor expresión y demostración del compromiso de los países del continente americano en la protección de los derechos esenciales de la persona y así como la importancia se le ha dado, desde hace tantos años, al establecimiento de un mecanismo de protección regional que permitiera la promoción de los derechos humanos.

Por consiguiente, el continente americano –que como hemos dicho tiene el mérito de haber sido el primero en aprobar una declaración sobre Derechos Humanos en 1948– ha procurado, con el paso de los años, mejorar los mecanismos de promoción, difusión y defensa de los derechos humanos. Después de la denominada "Declaración Americana de los Derechos y Deberes del Hombre" del 2 de mayo de 1948 hecha por los países del continente en la Conferencia Internacional Americana, celebrada en Bogotá, Colombia, se produjo el innegable impulso de la Declaración Universal de los Derechos Humanos de 10 de diciembre de 1948 –hecha siete meses después de la de nuestro continente– del Pacto Internacional de Derechos Civiles y Políticos de 1966, de la denominada Declaración de Teherán (Proclamada por la Conferencia Internacional de Derechos Humanos el 13 de mayo de 1968) y de la Convención Europea de los Derechos del Hombre y de las Libertades Fundamentales de 1950, entre otros notables documentos y convenciones importantes. Pero el continente americano, que había sido precursor mundial en el tema de los derechos humanos, tenía que adecuarlos en un documento más moderno y que permitiese una mejor defensa y protección de los Derechos Humanos. Es así como el 22 de noviembre de 1969 en la Conferencia de los Estados Americanos, celebrada en la ciudad de San José, República de Costa Rica, se aprobó la "Convención Americana sobre Derechos Humanos o "Pacto de San José de Costa Rica", que reemplazó la meritoria "Declaración Americana de los Derechos y Deberes del Hombre" de 2 de mayo de 1948.

La Convención Americana sobre Derechos Humanos o "Pacto de San José" es evidente que tiene no sólo su antecedente, sino su fundamento en la propia Carta Constitutiva de la Organización de Estados Americanos aprobada en Bogotá, Colombia, el 30 de abril de 1948, en la admirable Declaración Americana de los Derechos y Deberes del Hombre de 2 de mayo de 1948 y en la propia Declaración Universal de los Derechos Humanos, aprobada por la Asamblea General de las Naciones Unidas el 10 de diciembre de 1948.

La Convención Americana sobre Derechos Humanos o "Pacto de San José" tiene ochenta y dos (82) artículos cuya redacción, sentido y alcance mejoran notablemente la primera Declaración Americana de 1948. Dentro de la Convención destacamos no sólo los principios básicos de derechos individuales, sociales, civiles, económicos, políticos y culturales, sino también los medios de protección y los organismos competentes para resguardar el cumplimiento de los derechos establecidos en la Convención. Entre los medios de protección, resaltamos la creación de la Comisión Interamericana de

Derechos Humanos (artículo 34) con sede actual en Washington D.C., Estados Unidos y la Corte Interamericana de Derechos Humanos (artículo 52), con sede actual en San José, Costa Rica.

La Comisión Interamericana de Derechos Humanos representa a todos los países miembros de la Organización de Estados Americanos y está integrada por siete (7) miembros que deberán ser personas de alta autoridad moral y de reconocido conocimiento de los Derechos Humanos. El objetivo principal de la Comisión Interamericana de Derechos Humanos es promover, proteger y defender la vigencia de los Derechos Humanos establecidos en la Convención, para lo cual puede atender las denuncias sobre posibles violaciones que se presenten y solicitar a los gobiernos los informes correspondientes. Asimismo, puede formular recomendaciones cuando lo estime conveniente, promover medidas para fomentar el respeto a los principios de la Convención, así como hacer visitas de inspección a los países del continente. La propia Convención establece en el artículo 48 y siguientes, el procedimiento para la investigación de posibles violaciones a los derechos consagrados en la Convención.

Por otra parte, la Corte Interamericana de Derechos Humanos, está integrada por (7) siete jueces nacionales de los Estados del continente, elegidos a título personal entre juristas de alta calidad moral y de reconocida competencia en materia de Derechos Humanos. La Corte Interamericana de Derechos Humanos tiene competencia para conocer y decidir sobre cualquier caso relativo a la violación de un derecho o libertad protegidos en la Convención Americana y dispondrá que se garantice al afectado gozar del derecho o la libertad conculcados, para lo cual podría configurar la vulneración de esos derechos y determinar el pago de una justa indemnización a la parte lesionada. (Artículo 63) Si bien los fallos de la Corte son definitivos e inapelables y –según el artículo 68 de la Convención– los Estados se comprometen a cumplir la decisión de la Corte en todo caso en que sean partes, actualmente han surgido algunas dudas sobre la eficacia y efectividad, tanto de la Comisión Interamericana de Derechos Humanos, como de la Corte Interamericana de Derechos Humanos. Si bien reconocemos la honorabilidad de sus miembros y el celoso deseo de sus miembros y del personal de los despachos, de actuar con justicia y equidad, no podemos dejar de expresar que ciertamente hay críticas certeras sobre el largo y a veces complicado proceso de reclamación ante estas instancias. Probablemente, la Organización de Estados Americanos y los países del continente, deberían plantearse la necesidad de agilizar los trámites ante ambos organismos, de manera tal que las personas lesionadas por las actuaciones indebidas o abusivas de los gobiernos del continente, obtengan más fácilmente y con mayor eficacia, el goce de los derechos lesionados y de las indemnizaciones correspondientes.

Ahora bien, consideramos importante divulgar y conocer plenamente los derechos y libertades establecidos en la Convención Americana sobre Derechos Humanos y cómo funcionan los instrumentos de protección de tales derechos. Estamos convencidos que en la medida en que, quienes habitamos el continente, conozcamos cuáles son los derechos que nos garantiza la Convención, podremos articular con mayor determinación y vehemencia la defensa de los Derechos Humanos conculcados. En los países del continente –sobre todo los iberoamericanos– es conocido que los políticos que obtienen el poder público tienden, en algunos casos, a abusar del ejercicio del poder público y con ligereza e impunidad, lesionan Derechos Humanos, sobre todo de las poblaciones más indefensas socialmente. La mentira, como medio e instrumento de los políticos para obtener el poder y la corrupción desmedida de éstos, cuando lo obtienen, son el reflejo de una degradante realidad que amerita que estudiemos y adoptemos novedosas y urgentes fórmulas constitucionales que nos permitan controlar tan constantes abusos, corrupción galopante y las consecuentes prácticas de violaciones a los Derechos Humanos. Por eso hemos escrito en diversas ocasiones que pareciera que *"los políticos tienen como medio la mentira y como fin el poder"*[2] La conciencia moral –a la que nos hemos referido en varias ocasiones– es necesario fomentarla y estimularla para

---

2   Antinori Bolaños, Italo Isaac, *"La Segunda Vuelta Electoral"*, editado e impreso por Universal Books, segunda edición, Panamá, República de Panamá, 2013.

que las futuras generaciones en el continente puedan convivir dentro de sociedades más evolucionadas cultural y moralmente. Es que, si obtenemos un desarrollo cultural y educativo, lograremos un adecuado y anhelado desarrollo económico y social. En este sentido, es oportuno recordar una frase del Preámbulo de la primera Declaración Americana de los Derechos y Deberes del Hombre de 1948 cuando expresaba que, "si los derechos exaltan la libertad individual, los deberes expresan la dignidad de esa libertad."

3. *Los Derechos Humanos y el caso del Dr. ALLAN R. BREWER-CARÍAS, en el Sistema Americano*

Como es conocido, el 24 de enero de 2007 la Comisión Interamericana de Derechos Humanos de la Organización de Derechos Humanos – tal como lo establece el procedimiento interamericano – recibió una petición presentada por los distinguidos juristas **PEDRO NIKKEN, HELIO BICUDO, CLAUDIO GROSSMAN, JUAN E. MÉNDEZ, DOUGLAS CASSEL y HÉCTOR FAÚNDEZ LEDESMA**, en la cual se denunció que la República Bolivariana de Venezuela era responsable de una persecución política ejercida en contra del abogado constitucionalista venezolano **DR. ALLAN R. BREWER-CARÍAS** por un proceso judicial seguido en su contra por el delito de conspiración para cambiar violentamente la Constitución Venezolana de 1999, por los hechos ocurridos entre el 11 y el 13 de abril de 2002, cuando se realizó un golpe de Estado que instaló en el poder al empresario **PEDRO CARMONA,** en contra del entonces Presidente **HUGO CHÁVEZ FRÍAS,** quien recuperó el poder político el 13 de abril del 2002. El 8 de septiembre de 2009 –conforme al procedimiento establecido, tanto en la Convención Americana sobre Derechos Humanos como en el Reglamento de la Comisión Interamericana de Derechos Humanos– ésta declaró admisible el reclamo sobre la presunta violación de los derechos protegidos en los artículos 2, 8, 13 y 25 en concordancia con el artículo 1.1. de la Convención Americana sobre Derechos Humanos, en perjuicio del **DR. ALLAN R. BREWER-CARÍAS,** como consecuencia del proceso judicial instaurado en su contra, a partir del 2005, en la República Bolivariana de Venezuela.

El Estado venezolano ha sometido al afectado a un proceso penal por haber sido consultado como abogado –especialista en Derecho Constitucional– en la madrugada del 12 de abril de 2002, por el **DR. PEDRO CARMONA E.**, quien posteriormente figuraría como Presidente del gobierno de transición, sobre el contenido de un "decreto para un gobierno de transición" que le habían presentado y que después de leído en la tarde de ese día, se conoció como el *"Decreto Carmona"*. Dicho decreto fue, en efecto, emitido y divulgado por el gobierno de transición, como consecuencia de la anunciada renuncia del Presidente **HUGO CHÁVEZ FRÍAS** por su alto mando militar en dicha madrugada, y de la ausencia del Vicepresidente Ejecutivo, en quien debía darse la sucesión establecida en la Constitución. En su defecto el decreto instaló al empresario **PEDRO CARMONA**. Asimismo, el precitado decreto modificó la Constitución de 1999 y dejó sin efecto a los principales altos cargos del Estado.

Según el proceso judicial que se sigue al **DR. ALLAN R. BREWER-CARÍAS** en Venezuela**,** a él se le solicitó una opinión legal (actuación de abogado) con relación al proyecto del precitado Decreto, dando dicha opinión incluso en forma contraria a su contenido. Por ello y sin embargo, se le ha considerado partícipe de una conspiración para cambiar violentamente la Constitución, suspender a todos los funcionarios públicos más relevantes del Estado y permitir la "usurpación de las funciones" que la Constitución de Venezuela de 1999, no permite ni establece, pues en un decreto de transición, no puede determinarse un procedimiento para su derogación o para suplir la falta del Presidente de la República. El afectado ha negado los hechos que le imputa el Ministerio Público de Venezuela y ha reiterado en diversas ocasiones que, una vez pudo analizar el referido Decreto, le manifestó a Pedro Carmona –y así éste lo ha corroborado– su rechazo al documento por apartarse del constitucionalismo y por violar la Carta Democrática Interamericana. Ha dicho que debió hacerlo por teléfono, cuando Pedro Carmona lo llamó, siendo ésa la única oportunidad que tuvo de hablar personalmente con él, antes de que anunciara la disolución de los poderes públicos y el establecimiento de un "gobierno de transición democrática", entre otras medidas.

La Comisión Interamericana de Derechos Humanos, escuchó tanto a los peticionarios como al Estado Venezolano e hizo sus recomendaciones de rigor para una solución amigable del conflicto. No obstante en su informe de 3 de noviembre del 2011[3] consideró que el Estado venezolano era responsable de la violación de los derechos humanos, contemplados en los artículos 8 y 25 de la Convención Americana, en relación con sus artículos 1.1 y 2, en perjuicio del **DR. ALLAN R. BREWER-CARÍAS**. Por otra parte, la Comisión Interamericana consideró que el Estado venezolano no era responsable por la violación del derecho de libertad de expresión establecido en el artículo 13 de la Convención Americana.

El artículo 8 de la Convención Americana sobre Derechos Humanos dice así:

Artículo 8, GARANTÍAS JUDICIALES

1. Toda persona tiene derecho a ser oída, con las debidas garantías y dentro de un plazo razonable, por un juez o tribunal competente, independiente e imparcial, establecido con anterioridad por la ley, en la sustanciación de cualquier acusación penal formulada contra ella, o para la determinación de sus derechos y obligaciones de orden civil, laboral, fiscal o de cualquier otro carácter.

2. Toda persona inculpada de delito tiene derecho a que se presuma su inocencia mientras no se establezca legalmente su culpabilidad. Durante el proceso, toda persona tiene derecho, en plena igualdad, a las siguientes garantías mínimas:

   a) derecho del inculpado de ser asistido gratuitamente por el traductor o intérprete, si no comprende o no habla el idioma del juzgado o tribunal;

---

[3] Se trata del informe 171/11 de 3 de noviembre del 2011, emitido por la Comisión Interamericana de Derechos Humanos

b) comunicación previa y detallada al inculpado de la acusación formulada;

c) concesión al inculpado del tiempo y de los medios adecuados para la preparación de su defensa;

d) derecho del inculpado de defenderse personalmente o de ser asistido por un defensor de su elección y de comunicarse libre y privadamente con su defensor;

e) derecho irrenunciable de ser asistido por un defensor proporcionado por el Estado, remunerado o no según la legislación interna, si el inculpado no se defendiere por sí mismo ni nombrare defensor dentro del plazo establecido por la ley;

f) derecho de la defensa de interrogar a los testigos presentes en el tribunal y de obtener la comparecencia, como testigos o peritos, de otras personas que puedan arrojar luz sobre los hechos;

g) derecho a no ser obligado a declarar contra sí mismo ni a declararse culpable, y

h) derecho de recurrir del fallo ante juez o tribunal superior.

3. La confesión del inculpado solamente es válida si es hecha sin coacción de ninguna naturaleza.

4. El inculpado absuelto por una sentencia firme no podrá ser sometido a nuevo juicio por los mismos hechos.

5. El proceso penal debe ser público, salvo en lo que sea necesario para preservar los intereses de la justicia.

Por su parte, el artículo 25 de la Convención Americana sobre Derechos Humanos dice lo siguiente:

Artículo 25, PROTECCIÓN JUDICIAL

1. Toda persona tiene derecho a un recurso sencillo y rápido o a cualquier otro recurso efectivo ante jueces o tribunales competentes, que la ampare contra actos que violen sus derechos fundamentales reconocidos por la Constitución, la ley o la presente Convención, aun cuando tal violación sea cometida por personas que actúen en ejercicio de sus funciones oficiales.

2. Los Estados Partes se comprometen:

   a) a garantizar que la autoridad competente prevista por el sistema legal del Estado decidirá sobre los derechos de toda persona que interponga tal recurso;

   b) a desarrollar las posibilidades de recurso judicial; y

   c) a garantizar el cumplimiento, por las autoridades competentes, de toda decisión en que se haya estimado procedente el recurso.

La Comisión Interamericana de Derechos Humanos en su informe a la Corte Interamericana sobre Derechos Humanos, consideró que el proceso realizado en Venezuela contra el **DR. ALLAN BREWER-CARÍAS**, al haber sido instruido por fiscales y jueces provisionales y temporales –tal como quedó demostrado en el proceso investigativo que instruyó la Comisión– demostraron una falta de garantía, de independencia judicial e imparcialidad en el ejercicio del cargo por parte de los funcionarios judiciales del Estado de Venezuela. Ello significó –a juicio de la Comisión – que el Estado Venezolano no dispuso de los medios necesarios para administrar justicia, de forma imparcial, independiente y objetiva en la investigación y en el proceso penal seguido contra el **DR. ALLAN BREWER-CARÍAS**, conforme lo disponen los artículos 8 (numeral 1) y 25 de la Convención Americana sobre Derechos Humanos en concordancia con los artículos 1.1 y 2.

De igual manera, la Comisión concluyó que se demostró claramente que en la investigación penal que se siguió contra el **DR.**

ALLAN BREWER-CARÍAS en los Tribunales de Venezuela, no se le brindó el acceso oportuno al expediente para que la defensa pudiera examinarlo y elaborar una adecuada defensa. Por tanto, este hecho indebido configuró la violación de la garantía judicial establecida en el artículo 8 numeral 2, literal C, de la Convención que establece la concesión del tiempo a cualquier inculpado y de los medios adecuados para la preparación de su defensa.

Como el Estado de Venezuela no acogió las recomendaciones de la Comisión Interamericana de Derechos Humanos y no se produjo la rectificación ni el arreglo amigable entre las partes, el caso fue presentado para una decisión jurisdiccional a la Corte Interamericana de Derechos Humanos. Por consiguiente, la Federación Interamericana de Abogados (FIA) de forma responsable ha presentado un alegato en el término oportuno, que resulta ser una extraordinaria pieza jurídica– que sin duda alguna recomendamos analizar –que servirá como precedente, como elemento de investigación y docencia para el libre ejercicio de la profesión del abogado en el continente americano. Destacamos, entre muchos otros aspectos trascendentes que contiene el "Amicus Curiae" presentado por la Federación Interamericana de Abogados (FIA), los siguientes:

1. Que considerar e identificar a los abogados con las causas de sus clientes –a menos que existan pruebas concluyentes– podría interpretarse como una intimidación y hostigamiento en contra de los abogados.

2. Que como principio básico sobre la función que los abogados desarrollan, está la de permitir y facilitar el derecho de toda persona a tener acceso a un abogado para amparar y defender sus derechos. Para ello, los Estados del continente americano, deben asegurar que los abogados no sufran ni estén sometidos a persecuciones o amenazas de ninguna índole, ni podrá ser objeto de injustas sanciones penales, civiles, administrativas, económicas o de cualquier naturaleza, por haber asesorado o asistido a un cliente o por haber representado a un cliente en determinadas o difíciles circunstancias, tal como ocurrió con el **DR. ALLAN BREWER-CARÍAS** que en momentos de grave convulsión social y política de Venezuela fue

consultado como abogado en ejercicio y experto en Derecho Constitucional y su recomendación –cualquiera que haya sido– no lo hace responsable de la actuación que realizó la persona que fue el protagonista principal de los actos acontecidos. El abogado asesor recomienda pero no se hace responsable de las decisiones que se asuman, sobre todo, cuando en el caso de **DR. ALLAN BREWER-CARÍAS**, éste ha explicado reiterativamente que mostró su desacuerdo con el Decreto que ha provocado los procesos judiciales.

3. Que criminalizar la actuación profesional de un abogado –especialista en Derecho Constitucional– como lo es el **DR. ALLAN BREWER-CARÍAS** constituye una grave violación al libre ejercicio de la profesión del abogado, esencial dentro de un sistema democrático.

4. Que todo el proceso en contra el **DR. ALLAN BREWER-CARÍAS** al ser calificado y decidido por jueces venezolanos provisionales o temporales e investigado por Fiscales igualmente provisionales y temporales, constituye una violación al derecho de defensa y al debido proceso porque los funcionarios judiciales, al no tener estabilidad en sus cargos, carecen de una adecuada independencia judicial.

5. Que la existencia y funcionamiento de jueces y fiscales estables e independientes es, para la Federación Interamericana de Abogados (FIA), un elemento fundamental para la existencia de una sana administración de justicia, garantía del acusado y fundamento de un Estado de Derecho.

6. Que para la Federación Interamericana de Abogados (FIA) –y así se desprende del brillante "Amicus Curiae" presentado– la protección a la independencia de los abogados se fundamenta en el artículo 8 de la Convención Americana sobre Derechos Humanos, que reconoce el derecho a la defensa entre una de sus garantías y en concreto, a la garantía de tener la posibilidad de "ser asistido por un defensor de su elección." Y que así como los jueces requieren una serie de garantías especiales para poder ejercer su cargo (un adecuado proceso de nombramiento, la inamovilidad en el cargo y la

garantía contra presiones externas), los abogados también deben gozar de garantías para asegurar su independencia y, como consecuencia, poder ejercer sus funciones como asesores y representantes de los derechos de sus clientes sin ser sancionados a causa de ello. Son necesarias dichas garantías, pues precisamente buscan asegurar la posibilidad de que los derechos y las garantías jurisdiccionales de las personas, sean plenamente ejercidas a través de un abogado que pueda realizar sus labores profesionales, sin temor a represalias por defender a un cliente o a su causa.

7. Que la Federación Interamericana de Abogados (FIA) –y así lo reafirma clara y categóricamente en el contenido del "Amicus Curiae" presentado– sostiene que en Venezuela, al igual que ocurre en otros países del continente, existe el artículo 289.1 del Código Orgánico Procesal Penal, en el que se establece que el abogado tiene el derecho a no denunciar ni comentar (derecho de reserva) por motivos profesionales, las instrucciones y explicaciones que reciban de sus clientes, lo cual significa que el abogado en el ejercicio de su profesión realiza una actividad ajustada a la ley y que, por ejercitar el derecho de reserva sobre las explicaciones o conversaciones con su cliente, no puede ser objeto de ninguna consecuencia penal o de cualquier otra naturaleza.

Después de analizar el "Amicus Curiae" presentado por la Federación Interamericana de Abogados (FIA) no me cabe la menor duda que el proceso del **DR. ALLAN BREWER-CARÍAS Vs la República Bolivariana de Venezuela** (distinguido como el caso N° 12.274), es de una importancia vital para el ejercicio de la profesión del abogado en el continente americano. Lo que decida la Corte Interamericana de Derechos Humanos, constituirá el primer precedente directo y preciso sobre la libertad en el ejercicio profesional del abogado y del derecho de los abogados a ejercer con plena seguridad nuestra profesión.

Felicitamos y saludamos, tanto la acertada idea como el contenido del "Amicus Curiae", presentado ante la Corte Interamericana de Derechos Humanos por la Federación Interamericana de Abogados (FIA) firmado por el **LCDO. JOSÉ ALBERTO ÁLVAREZ** en su condición de Presidente de la Federación Interamericana de Abogados (FIA), por los **DOCTORES RENALDY J. GUTIÉRREZ** ex Presidente de la Federación Interamericana de Abogados (FIA), así como por los distinguidos juristas **FERNANDO SAENGER GIANONI,** Presidente del Comité de Derecho Constitucional de la Federación Interamericana de Abogados (FIA), y **DANTE FIGUEROA**, ex Secretario General de la Federación Interamericana de Abogados (FIA). A la atinada gestión que, con la presentación de tan valioso documento han realizado, los abogados del continente americano les quedamos agradecidos por la legítima preocupación y defensa del libre ejercicio de la profesión, por clamar por el pleno acatamiento de los principios democráticos, por la independencia judicial y por buscar la promoción, difusión y respeto a los Derechos Humanos como el conjunto de normas que rigen la conciencia moral de la humanidad.

Es evidente que el fallo de la Corte Interamericana de Justicia será de enorme trascendencia porque tendrá repercusiones no sólo para la libertad en el ejercicio de las funciones del abogado, sino también en la reafirmación de la independencia judicial y de las garantías judiciales, claramente establecidas en el artículo 8 de la Convención Americana sobre Derechos Humanos, como también sobre el fortalecimiento intrínseco del derecho y la justicia, por encima de cualquier otra consideración.

Panamá, 23 de septiembre del 2013.

AMICUS CURIAE

PRESENTADO POR LA FEDERACIÓN INTERAMERICANA DE ABOGADOS (FIA) ANTE LA CORTE INTERAMERICANA DE DERECHOS HUMANOS. Caso 12.274, ALLAN R. BREWER-CARÍAS vs. VENEZUELA
Washington, D.C. 23 de Agosto de 2013

Señores Presidente y demás Jueces de la Corte Interamericana de Derechos Humanos. San José, Costa Rica. Presente.

Ref. *Amicus Curiae*

Caso 12.274: *Allan Brewer-Carías vs. Venezuela*

I. INTRODUCCIÓN

1. La Federación Interamericana de Abogados ("FIA") respetuosamente presenta este *Amicus Curiae* en el caso *Allan Brewer-Carías vs. Venezuela* (Caso Número 12.724) que cursa ante esta honorable Corte Interamericana de Derechos Humanos (en lo adelante "Corte Interamericana"), actuando de conformidad con lo previsto en los artículos 2.3, 28 y 41 del Reglamento de la Corte Interamericana[1].

---

[1] La FIA agradece la colaboración de las abogadas Delphine Patetif y Katharine Nylund en la preparación de este *Amicus Curiae*.

2. La FIA considera que este caso es una ocasión importante para que esta Corte Interamericana, en su sentencia, desarrolle los estándares sobre la garantía de la independencia de los abogados y su libertad de expresión respecto de sus opiniones jurídicas. La sentencia de la Corte tendrá importantes repercusiones para las garantías judiciales y la independencia de los sistemas legales en la región. A tal fin, a continuación presentamos algunas consideraciones jurídicas sobre la materia del proceso que cursa ante esta Corte, en particular, sobre el derecho de los abogados a ejercer con seguridad su profesión, y sin que por ello puedan ser perseguidos; y sobre el derecho de las personas a ser juzgadas por jueces imparciales, autónomos e independientes; todos éstos derechos que han sido denunciados como violados por el Estado venezolano en perjuicio del profesor Brewer-Carías, en el proceso penal seguido en Venezuela en su contra desde 2005.

3. De los hechos relevantes del caso, la FIA observa con extrema preocupación lo que podría configurarse como una criminalización indebida del ejercicio libre de la profesión de abogado y respeto a las opiniones jurídicas que los abogados tienen derecho a expresar. El origen del proceso penal contra el profesor Brewer-Carías en 2005, en efecto, fue el hecho de haber sido consultado como abogado, tres años antes, en 2002, sobre la juridicidad del texto de un decreto de un gobierno de transición, habiéndose limitado en su actuación profesional a emitir la opinión jurídica que le fue requerida por su especialidad en derecho público, sobre la constitucionalidad del contenido de un decreto de transición de gobierno, ámbitos todos dentro de la esfera de su profesión.

4. Los abogados desempeñan un papel esencial en facilitar el acceso a la justicia, garantizando el respeto de los derechos protegidos, combatiendo la impunidad y asegurando el Estado de Derecho, razón por la cual este *Amicus Curiae* destaca las implicaciones de largo alcance que originaron las varias formas de interferencia gubernamental con la actividad profesional del Peticionario.

5. A tal efecto, como lo ha considerado esta misma Corte, este *Amicus Curiae* hará uso del derecho internacional y comparado para

interpretar y dar contenido sustancial a los derechos establecidos en la Convención Americana de Derechos Humanos (la "Convención Americana"), incluyendo el sistema universal de derechos humanos, los sistemas americano, europeo, y africano de derechos humanos, y los estándares de las respectivas organizaciones internacionales. En efecto, el artículo 29.b de la Convención Americana dispone que la interpretación de dicho tratado no puede limitar "*el goce y ejercicio de cualquier derecho o libertad que pueda estar reconocido de acuerdo con las leyes de cualquiera de los Estados Partes o de acuerdo con otra convención en que sea parte uno de dichos Estados*". Esta consagración del principio *pro-homine* obliga, pues, a interpretar el texto de la Convención Americana a la luz de los demás instrumentos internacionales, incluyendo los textos del Sistema Universal de Derechos Humanos, al igual que tomar en cuenta incluso los demás estándares reconocidos por los demás órganos de protección de derechos humanos; y es en ese sentido que la protección del abogado frente a la criminalización de la asistencia o representación de un cliente se encuentra enmarcada en los artículos 8 y 13 de la Convención Americana sobre Derechos Humanos, a saber, las garantías judiciales y el derecho a la libertad de expresión, ambas invocadas como violadas en el caso ante esta Corte.

II. OBJETIVOS DE LA FEDERACIÓN INTERAMERICANA DE ABOGADOS

6. La Federación Interamericana de Abogados (*Inter-American Bar Association,* FIA o IABA)[2] es una organización internacional fundada el 16 de mayo de 1940, con sede en Washington D.C., Estados Unidos de Norteamérica. Está integrada por todos los Colegios de Abogados de las Américas, España y Francia, además de universidades, despachos de abogados, y juristas miembros individuales. Como tal, la FIA representa un foro profesional independiente cuyo objetivo fundamental es la promoción y defensa del Estado de Derecho como fundamento de una sociedad justa y libre

---

[2]   Ver sobre la FIA la información pertinente en su página web: www.iaba.org.

en el Hemisferio Occidental. Además, la FIA fomenta y promueve la Democracia, una Administración de Justicia independiente, un ejercicio libre y responsable de la abogacía a nivel hemisférico, y la preservación y defensa de los derechos humanos y las libertades de los pueblos del hemisferio. Esa misión institucional de la FIA justifica su intervención en cualquier caso de naturaleza judicial o cuasijudicial en los que se vean afectados los valores antes indicados[3].

7. Tal como se demuestra en los certificados adjuntos, el profesor Brewer-Carías es miembro de la FIA, y el Consejo de la FIA adoptó un acuerdo en el mes de octubre de 2012 aprobando la presentación de este *Amicus Curiae*.

III. SOBRE EL DERECHO AL EJERCICIO LIBRE E INDEPENDIENTE DE LA PROFESIÓN DE LA ABOGACÍA Y DE LOS ABOGADOS A EXPRESAR LIBREMENTE SUS OPINIONES LEGALES.

8. Este *Amicus Curiae* examinará la jurisprudencia así como los criterios pertinentes a la independencia de la judicatura y de los abogados. Los órganos del Sistema Universal de protección de derechos humanos han desarrollado una serie de estándares sobre la independencia de los abogados como parte de la garantía de una tutela judicial efectiva. Los Principios Básicos sobre la Función de los Abogados[4] constan asimismo de los estándares fundamentales. En cuanto a los órganos pertenecientes a los sistemas de protección

---

[3]   Además, es de destacar el hecho de que en el año 2008, en el mes de enero, se firmó un convenio de colaboración y cooperación entre la Federación Interamericana de Abogados y la Corte Interamericana y además el Instituto Interamericano de Derechos Humanos. Este Convenio fue suscrito por el Presidente de la FIA, Dr. Renaldy Gutiérrez y el Presidente de la Corte, en esa oportunidad. También compareció el Presidente del Comité de Derecho Constitucional de la FIA, Dr. Fernando Saenger.

[4]   *Principios Básicos sobre la Función de los Abogados*, Aprobados por el Octavo Congreso de las Naciones Unidas sobre Prevención del Delito y Tratamiento del Delincuente, celebrado en La Habana (Cuba) del 27 de agosto al 7 de septiembre de 1990.

de derechos humanos regionales, también han desarrollado, aunque someramente, lo relacionado con la independencia de los abogados en los términos desarrollados por los órganos de las Naciones Unidas.

A. *Libertad de expresión para abogados – Opiniones jurídicas como parte integrante del ejercicio de la profesión legal*

i. *Sistema Universal de Derechos Humanos.*

9. El Pacto Internacional de Derechos Civiles y Políticos, artículo 19 (libertad de expresión), garantiza un derecho *activo* de expresar una opinión y de buscar, recibir, e difundir información[5]. Los Estados no pueden castigar o reprimir la expresión de opiniones, incluso si son muy críticas con el gobierno[6]. Por ejemplo, las personas que expresan una posición antigubernamental pacífica no pueden ser removidas de sus puestos de trabajo, sobre la base de sus opiniones[7].

10. Con respecto a los abogados y el derecho de buscar y recibir información, el Principio N° 21 de los Principios Básicos sobre la Función de los Abogados precisa que "[l]as autoridades competentes tienen la obligación de velar por que los abogados tengan acceso a la información, los archivos y documentos pertinentes que estén en su poder o bajo su control...Este acceso se facilitará lo antes posible".

---

[5] Pacto Internacional de Derechos Civiles y Políticos. Art. 19, 999 U.N.T.S. 171, entrada en vigor 23 de marzo 1976, Manfred Nowak, Pacto Internacional de Derechos Civiles y Políticos CCPR COMENTARIO 440-41 (2005), Comité de Derechos Humanos, Observación General N° 34, ¶ 11, Doc. de la ONU. CCPR/C/GC/34 (21 de julio de 2011). (Destacados y Subrayados Añadidos).

[6] Nowak, *ibid.*, at 450-541.

[7] Mahmoud Cherif Bassiouni ET AL., INFORME DE BAHREIN comisión de investigación independiente (2011) 348-350, 353-354. Ver también Mukong vs. Camerún, Comité de Derechos Humanos, Comunicación N° 458/1991 en ¶ 9.7.

ii. *Sistema Interamericano de Derechos Humanos.*

11. El Artículo 13 de la Convención Americana protege el derecho a la libertad de opinión y expresión. La Convención permite restricciones sobre la libertad de expresión únicamente toda vez que "deben estar expresamente fijadas por la ley y ser necesarias para asegurar: a) el respeto a los derechos o a la reputación de los demás, o b) la protección de la seguridad nacional, el orden público o la salud o la moral públicas"[8].

12. Esta Corte Interamericana ha explicado la importancia fundamental que este derecho reviste para la sociedad democrática de la siguiente manera:

"[L]os distintos sistemas regionales para la protección de los derechos humanos y el sistema universal están de acuerdo respecto del rol que ha de desempeñar la libertad de expresión en la consolidación y la dinámica de una sociedad democrática. Sin una efectiva libertad de expresión, ejercida en todas sus formas, la democracia queda enervada, así como también el pluralismo y la tolerancia comienzan a deteriorarse, los mecanismos de control y reclamo del individuo se tornan ineficaces y, por sobre todas las cosas, se genera un caldo de cultivo para los sistemas autoritarios que se arraigan así dentro de la sociedad"[9].

13. Asimismo, la Corte ha declarado que la libertad de expresión debe estar garantizada siempre que "la difusión de información o ideas... se reciban de manera favorable o bien... se consideren como inofensivas o indiferentes," y toda vez que el resultado de dicha difusión "resulta desagradable para el Estado o una parte de la

---

8   Convención Americana sobre Derechos Humanos, art. 13(2), 22 de noviembre de 1969, *disponible en* http://www.oas.org/dil/treaties_B-32_American_Convention_on_Human_Rights.

9   Herrera-Ulloa v. Costa Rica, Objeciones preliminares, Méritos, Reparaciones, y Costas, Sentencia, Corte Interam. de DD.HH., (ser. C), N° 107, ¶116 (2 de julio de 2004), disponible en http://www.corte-idh.or.cr/docs/casos/articulos/seriec_107_ing.pdf.

población"[10]. Como consecuencia, toda restricción sobre la libertad de expresión "debe ser necesaria en una sociedad democrática"[11]. Para que una restricción resulte ser necesaria, debe "estar justificada mediante referencia a objetivos gubernamentales, los cuales, dada su importancia, superan con claridad a la necesidad social del pleno goce del derecho" a la libertad de expresión[12].

---

[10]   Ríos v. Venezuela, Objeciones preliminares, Méritos, Reparaciones, y Costas, Sentencia, Corte Interam. de DD.HH., (ser. C), N° 194, ¶ 105 (28 de enero de 2009), *disponible* en http://www.corte-idh.or.cr/docs/casos/articulos/seriec_194_ing.pdf.

[11]   *Herrera-Ulloa*, Corte Interam. de DD.HH., en ¶ 120; *véase también* Kimel v. Argentina, Méritos, Reparaciones y Costas, Sentencia, Corte Interam. de DD.HH., (ser. C), N° 177, ¶ 58 (2 de mayo de 2008), *disponible* en http://www.corteidh.or.cr/docs/casos/articulos/seriec_177_ing.pdf (en cuanto examina si una ley de difamación penal resultaba compatible con la Convención Americana en virtud de "i) verif[icarse] si la tipificación legal del delito de difamación afectaba la estricta legalidad que se ha de preservar al momento de restringir la libertad de opinión y expresión mediante procedimientos penales; ii) examin[arse] si la protección de la reputación de los jueces sirve a un propósito legítimo, de conformidad con las disposiciones de la Convención y determinar, si corresponde, la procedencia de una sanción penal con el fin de lograr el propósito pretendido; iii) evalu[arse] si tal medida es necesaria, y de iv) examin[arse] la estricta proporcionalidad de tal medida".).

[12]   *Herrera Ulloa*, Corte Interam. de DD.HH., en ¶121 (en cuanto cita la Membresía Obligatoria en una Asociación Ordenada por Ley para el Ejercicio del Periodismo (Arts. 13 y 29 Convención Americana sobre Derechos Humanos), Dictamen de Asesoramiento OC-5/85, Corte Interam. de DD.HH. (ser. A) N° 5, ¶ 46 (13 de noviembre de 1985), *disponible* en http://www-ircm.ustrasbg.fr/seminaireoct2008/docs/ Interventions_IV_Bertoni-Strasbourg_FINAL.pdf; The Sunday Times v. Reino Unido (N° 1), 30 Corte Eur. de DD.HH. (ser. A) ¶ 59 (26 de noviembre de 1979), disponible en http://hudoc.echr.coe.int/sites/eng/pages/search.aspx?i=001-57708; Barthold v. Alemania, 90 Corte Eur. de DD.HH. (ser. A) ¶ 59 (3 de marzo de 1985), *disponible* en http://hudoc.echr.coe.int/sites/eng/pages/search.aspx?i=001-57432).

14. En este sentido, está claro que la manifestación de una opinión profesional de un abogado consistente en la manifestación de información y opinión jurídicas, se encuentra expresamente protegido por el artículo 13 de la Convención Americana, de manera que, cualquier regulación a dicho derecho está sometida a aquellos fines legítimos, necesarios y proporcionales que atienden a un bien jurídico protegido por la Convención en el artículo 13.2 *ejusdem*. De ello deriva que la opinión dada en el ejercicio de la profesión de abogado, enmarcada como está dentro de las previsiones del artículo 13 de la Convención Americana, significa que el abogado, como toda persona, tiene la libertad de buscar, recibir y difundir informaciones e ideas de toda índole, siendo sin la menor duda, la opinión dada por un abogado una forma de ejercicio de la libertad de expresión amparada en dicha norma. Adicionalmente, la opinión dada por los abogados sobre las consultas que se les formulen, tienen una protección adicional, en el sentido de que sus manifestaciones u opiniones no se consideran punibles cuando se refieran al objeto del litigio. Igual protección se otorga en general, en los Códigos de ética sobre el ejercicio de la profesión de la abogacía adoptados por los Colegios de Abogados, donde además, se establece y protege el secreto profesional. Ello, además, se encuentra consagrado en los "Principios Básicos sobre la Función de los Abogados" de Naciones Unidas, donde se establece que los *"gobiernos reconocerán y respetarán la confidencialidad de todas las comunicaciones y consultas entre los abogados y sus clientes, en el marco de su relación profesional"*[13].

15. En efecto, para que el abogado pueda realmente cumplir con su función en un Estado Democrático, no solamente se le debe garantizar el ejercicio de la libertad de expresión y de opinión, sino también se deben de proteger la emisión de sus opiniones, a través de la inmunidad civil y penal, antes mencionada, para lo cual debe

---

[13] *Principios Básicos sobre la Función de los Abogados*, Aprobados por el Octavo Congreso de las Naciones Unidas sobre Prevención del Delito y Tratamiento del Delincuente, celebrado en La Habana (Cuba) del 27 de agosto al 7 de septiembre de 1990 (Parte C).

garantizársele el secreto de las consultas, las comunicaciones y las opiniones que exprese a su cliente. El resguardar el secreto profesional de los abogados, así, es una garantía en un Estado Democrático, pues ello permite que las personas puedan consultar libremente a los abogados, sin temor a represalias. Por ello, cuando un abogado invoca el secreto profesional, lo que está utilizando es lo que se conoce en el derecho penal como una causa de justificación, dentro del ejercicio de un derecho, lo cual eliminaría cualquier responsabilidad, tanto de índole civil, administrativa, ética y desde luego de naturaleza penal; incluyéndose dentro del secreto profesional no solamente las consultas verbales, comunicaciones u opiniones de los abogados, sino también los documentos privados que reciba el abogado y desde luego su contenido, respecto de los cuales el abogado no estaría obligado ni a entregar un documentos privado ni a revelar su contenido. El secreto profesional, en ese contexto, deja de ser un privilegio del abogado, y es más bien un derecho de las personas que lo consultan, pues con el solo hecho de realizar la consulta, el abogado tiene la obligación de guardar confidencialidad sobre lo expresado por su cliente. Precisamente, el faltar a esta obligación sin justa causa, puede ocasionar responsabilidades disciplinarias del abogado que falte al secreto profesional. Además, debe recordarse que la relación profesional del abogado es básicamente de carácter personal que se establece con la persona que lo consulta, la cual está regida por principios éticos como los de confianza, transparencia, honestidad, eficiencia y responsabilidad; y la cual genera deberes y obligaciones, entre las cuales está, precisamente la de guardar la confidencialidad de las comunicaciones y opiniones, así como de los documentos que reciba o que conozca en relación precisamente en el ejercicio de la relación profesional con el cliente.

iii. *Sistema Europeo de Derechos Humanos*

16. El artículo 10 del Convenio Europeo de Derechos Humanos garantiza el derecho a la libertad de expresión, y la Corte Europea ha analizado este artículo en varios casos al contexto del sistema judicial generalmente y los derechos y deberes de abogados especí-

ficamente[14]. En *Kudeshkina vs. Rusia*, la Corte sostuvo que las cuestiones relativas al funcionamiento del sistema judicial constituían cuestiones de interés público, por ende el debate en si beneficia de la protección del artículo 10.

17. En *Steur vs. Países Bajos*, la Corte sostuvo que los procedimientos disciplinarios en contra de un abogado por declaraciones hechas en el curso de un litigio violaron el derecho a la libertad de expresión[15]. En ese caso, la víctima, un abogado, había hecho declaraciones que subyacían una conclusión jurídica en relación a su representación de un cliente. El Tribunal sostuvo que incluso "la amenaza de una revisión *ex post facto* de [argumentos jurídicos formulados en el marco del servicio a un cliente] es difícil de conciliar con [el] derecho [de] un abogado para defender los intereses de sus clientes y podría tener un "efecto escalofriante" en el ejercicio de su profesión"[16].

18. La Corte Europea ha señalado que el derecho a ejercer la abogacía debe ser tomado en serio por los estados y que las posibles infracciones deben ser consideradas como un asunto urgente[17]. El Tribunal de Justicia ha subrayado que, "en el contexto de los abogados, ... la naturaleza especial de la profesión ejercida por el solicitante debe considerarse al evaluar si la restricción a los derechos de la [presunta víctima] eran la respuesta adecuada a una necesidad apremiante"[18].

19. Asimismo, la Corte ha afirmado que los abogados tienen "derecho" a hacer declaraciones relacionadas con el servicio a un cliente, siempre y cuando tales afirmaciones sean "de buena fe y en

---

[14]   Véase también el Consejo de Europa, Recomendación N° R (2000) 21 del Comité de Ministerios, estableciendo que "los abogados deberán gozar libertad de…expresión…" (Principio 1.3).

[15]   Caso *Steur v. The Netherlands* (App. N° 39657/98), Judgment of October 28, 2003.

[16]   Steur v. Países Bajos, ¶44 (*negrilla añadida*).

[17]   Cf. Caso of Silc v. Slovenia ¶ 33.

[18]   Caso Frankowicz v. Polonia ¶ 49.

acuerdo con la ética de la profesión legal"[19]. Para que el público tenga confianza en la administración de justicia deben tener confianza en la capacidad de la profesión de abogado por una representación eficaz[20].

B. *Condena de la Criminalización y Persecución Política de Abogados*

20. Como lo ha expuesto el destacado abogado penalista y profesor venezolano Alberto Arteaga Sánchez al comentar el artículo 65.1 del Código Penal venezolano, "cuando el derecho autoriza o faculta, impone o exige un determinado comportamiento, éste no puede considerarse penalmente ilícito; de esta manera, si en virtud de cualquier norma jurídica, sea de derecho público o privado, una conducta es lícita, no puede a la vez ser considerada como ilícita en el ámbito penal"[21].

21. Por ello, observa la FIA que el artículo 289.1 del Código Orgánico Procesal Penal de Venezuela, como sucede en general en el derecho comparado, al regular el *"Derecho a no denunciar por motivos profesionales"* precisa que *"no están obligados a formular la denuncia a la que se refiere el artículo 285: 1. Los abogados, respecto de las instrucciones y explicaciones que reciban de sus clientes."* Ello implica que la actuación del abogado en el ejercicio de su profesión es una actividad absolutamente legítima y ajustada a la ley, no estando siquiera obligados a denunciar lo que tomen conocimiento al ser requerida su asistencia profesional, sin que de ello pueda derivar ninguna consecuencia penal.

22. Los abogados por tanto, ni siquiera están obligados a denunciar a quién les ha consultado su opinión cuando con ocasión de ello se enteran, por sus propias manifestaciones, que pueden estar incursos en un delito o han cometido una falta; y ello, porque los aboga-

---

[19]   Caso Veraart v. Países Bajos ¶53.

[20]   Caso Kyprianou vs. Cyprus ¶175.

[21]   Alberto Arteaga Sánchez, *Derecho Penal Venezolano*. Séptima edición aumentada y corregida. Paredes Editores. Caracas 1994, p. 190.

dos no deben ser identificados con sus propios clientes ni con sus causas, como consecuencia del desempeño de su profesión. Además, es bien sabido que, en general, en el derecho comparado, la formulación de denuncias penales es en términos generales facultativa, y cuando en las legislaciones se establecen obligaciones para denunciar, las mismas se imponen especialmente respecto de determinadas personas, como son por ejemplo quienes ejercen funciones públicas mediante lo cual conozcan de la comisión de algún delito, como por ejemplo, los médicos, enfermeros, farmaceutas al prestar los auxilios de su profesión. Pero en todo caso, incluso, la obligación de denunciar deja de tener vigencia cuando el conocimiento de los hechos está amparado al secreto profesional.

i. *Sistema Universal de Derechos Humanos.*

23. Los Principios Básicos sobre la Función de los Abogados desarrollan el derecho de las personas a tener acceso a un abogado para amparar y defender sus derechos, *estableciendo, además, que los estados deben asegurar que los abogados "no sufran ni estén expuestos a persecuciones o sanciones administrativas, económicas o de otra índole* a raíz de cualquier medida que hayan adoptado de conformidad con las obligaciones, reglas y normas éticas que se reconocen a su profesión" *(énfasis añadido)"*[22].

24. En concordancia con lo antedicho, el Principio N° 20 dispone que "los abogados gozarán de *inmunidad civil y penal* por las declaraciones que hagan de buena fe, por escrito o en los alegatos orales, o bien al comparecer como profesionales ante un tribunal judicial, otro tribunal u órgano jurídico o administrativo"[23]. Además, el Principio N° 27 explica que "[l]as acusaciones o reclamaciones contra los abogados en relación con su actuación profesional se tramitarán rápida e imparcialmente mediante procedimien-

---

[22] *Principios Básicos sobre la Función de los Abogados*, Aprobados por el Octavo Congreso de las Naciones Unidas sobre Prevención del Delito y Tratamiento del Delincuente, celebrado en La Habana (Cuba) del 27 de agosto al 7 de septiembre de 1990 (Parte C).

[23] *Idem.*

tos apropiados. Los abogados tendrán derecho a una audiencia justa, incluido el derecho a recibir la asistencia de un abogado de su elección"[24].

25. De lo anterior deriva que para el correcto ejercicio de la profesión de la abogacía, los abogados gozan de inmunidad no solo en el ámbito civil, sino penal, referente a sus declaraciones y opiniones que emitan en ocasión a una consulta referida por un cliente, por lo que criminalizar o penalizar la opinión de un abogado, es contrario a todos los principios del Estado Democrático de Derecho y se convertiría en un verdadero obstáculo o limitación al acceso a la justicia de los ciudadanos. Es decir, criminalizar las opiniones de un abogado es un atentado serio a las garantías y derechos en un Estado Democrático, pues ello no solo afecta las garantías y derechos de cualquier persona, sino que obstaculiza el ejercicio de la profesión de la abogacía, lo que además limita el derecho al acceso a la justicia. En otras palabras, ninguna persona en una sociedad verdaderamente democrática, debería ser enjuiciada por emitir su opinión; y si la opinión es dada por un abogado, referente a su especialidad,

---

[24] Ahora bien, esta inmunidad que se les brinda a los abogados en el ejercicio de su profesión legal, encuentra su excepción en la responsabilidad disciplinaria de los abogados, por la cual a través de los Colegios de Abogados o a través de la legislación, se debe proveer de un proceso con las debidas garantías judiciales por los incumplimientos previstos en un Código de Conducta Profesional, de conformidad con los Principios 26, 27, 28 y 29 de los Principios Básicos sobre la Función de los Abogados. La legislación o la profesión jurídica, por conducto de sus correspondientes órganos, establecerán códigos de conducta profesional para los abogados, de conformidad con la legislación y las costumbres del país y las reglas y normas internacionales reconocidas. Las actuaciones disciplinarias contra abogados se sustanciarán ante un comité disciplinario imparcial establecido por la profesión jurídica, ante un organismo independiente establecido por la ley o ante un tribunal judicial, y serán objeto de revisión judicial independiente. Todo procedimiento para la adopción de medidas disciplinarias se regirá por el código de conducta profesional y otras reglas y normas éticas reconocidas a la profesión, y tendrá presentes estos principios.

como puede ser la interpretación de normas constitucionales o de hechos políticos, su criminalización se convertiría en un exceso ilegítimo y arbitrario de parte del Estado. La penalización y persecución del Estado en el derecho penal moderno encuentra límites como los derivados de los principio de legalidad, de tipicidad, de lesividad y de proporcionalidad, por lo cual, criminalizar una opinión jurídica atentaría contra los mismos y alejaría al Estado de una verdadera estructura democrática.

ii. *Sistema Interamericano de Derechos Humanos.*

26. En consonancia con este marco de referencia, la Corte Interamericana ha determinado que "las leyes penales constituyen el medio más restrictivo y severo para establecer la responsabilidad de una conducta ilícita"[25]. Tal como lo ha advertido la Corte, "la sanción penal respecto del derecho a informar o dar una opinión propia... debería examinarse con cuidado, ponderando la gravedad extrema de la conducta del individuo que expresó la opinión, su dolo directo o real malicia, las características de un daño injusto así ocasionado y la demás información que demuestre la absoluta necesidad de recurrir a un juicio penal como excepción"[26].

27. Ahora bien, la Comisión Interamericana ha destacado en sus Informes un patrón de criminalización errónea de legítimas activi-

---

[25]   *Canese*, Corte Interam. de DD.HH., en ¶104.

[26]   Tristán Donoso v. Panamá, Objeción preliminar, Méritos, Reparaciones y Costas, Sentencia, Corte Interam. de DD.HH. (ser. C), N° 193, ¶120 (27 de enero de 20009), disponible en http://www.corte-idh.or.cr/docs/casos/articulos/seriec_193_ing.pdf; *véase* también Cumpănă y Mazăre v Rumania, 2004-XI Corte Eur. de DD.HH. ¶115 (17 de diciembre de 2004), *disponible en* http://hudoc.echr.coe.int/sites/eng/pages/search.aspx?i=001-67816 (en cuanto explica que "la imposición de una condena de prisión por un delito cometido por la prensa resultará compatible con la libertad de expresión de los periodistas... sólo en circunstancias excepcionales, sobre todo cuando se han visto gravemente afectados otros derechos fundamentales, como, por ejemplo, en el caso de un discurso lleno de odio o de instigación a la violencia".).

dades concernientes a los derechos humanos en la región, por lo que ha instado a los Estados a abstenerse de utilizar "el poder punitivo del Estado y de sus órganos de justicia con el fin de hostigar a los que defienden los derechos humanos comprometiéndose en actividades lícitas y legítimas"[27]. También ha recomendado a los Estados "tomar todas las medidas que fueren necesarias para evitar el uso de las investigaciones del Estado con el fin de procesar injustamente a quienes reclaman legítimamente la observancia y protección de sus derechos humanos"[28].

28.   Analizando el caso en concreto del profesor Brewer-Carías, en relación con la opinión jurídica de un abogado en el marco del contexto venezolano, estima la FIA que el tema es de suma relevancia, precisamente en el marco de la protección especial que tienen las declaraciones de personas (en relación con los delitos de calumnia o injuria), que esta Corte Interamericana ha reconocido, por ejemplo, en la sentencia del caso *Kimel vs. Argentina,* de 2008, donde expresó que "el Derecho Penal es el medio más restrictivo y severo para establecer responsabilidades respecto de una conducta ilícita. La tipificación amplia de delitos de calumnia e injurias puede resultar contraria al principio de intervención mínima y de última ratio del derecho penal. En una sociedad democrática el poder punitivo sólo se ejerce en la medida estrictamente necesaria para proteger los bienes jurídicos fundamentales de los ataques más graves que los dañen o pongan en peligro. Lo contrario conduciría al ejercicio abusivo del poder punitivo del Estado".

29.   Por tanto, teniendo en cuenta que los abogados, como cualquier persona en un Estado Democrático de Derecho, tienen el derecho de expresar libremente su pensamiento y opinión, conforme a lo previsto en el artículo 13 de la Convención Americana, particu-

---

[27]   Corte Interam. Comisión de DD.HH., *Segundo Informe de la Situación de los Defensores de los Derechos Humanos en Latinoamérica,* OEA/Ser.L/V/II, doc. 66, 233, (31 de diciembre de 2011), disponible en http://www.oas.org/en/iachr/defenders/docs/pdf/defenders2011.pdf.

[28]   *Id,* pp. 233-234.

larmente cuando se refieren a cuestiones jurídicas propias de su especialidad académica; en una sociedad democrática, los abogados en general, y particularmente los especialistas, pueden y deben participar, a través de la crítica, en la discusión sobre los temas de interés general, expresando su opinión calificada en razón de sus estudios y conocimientos. Como se expresa en los "Principios Básicos sobre la Función de los Abogados" de Naciones Unidas, *"[l]os abogados, como los demás ciudadanos, tienen derecho a la libertad de expresión, creencias, asociación y reunión. En particular, tendrán derecho a participar en el debate público de asuntos relativos a la legislación, la administración de justicia y la promoción y la protección de los derechos humanos (...)"* (N° 22). En estos principios, precisamente, se enmarca la función de los abogados y su rol en una sociedad democrática, permitiéndoseles participar ampliamente en el debate de temas de interés para la colectividad.

30. La consecuencia de lo anterior es que una mera opinión jurídica dada por un abogado en ejercicio de su profesión, no lo puede convertir en cómplice o participe de delito alguno, pues de lo contrario se estaría en el campo de la criminalización del ejercicio de la profesión de la abogacía por la emisión de opiniones jurídicas. En tal contexto, la FIA considera que debe rescatarse la importancia de la prohibición de la criminalización de los abogados por la emisión de sus opiniones jurídicas, de conformidad con los artículos 8 y 13 de la Convención Americana, sumado a los estándares internacionales desarrollados por los demás Sistemas de Protección de Derechos Humanos que conforman este *corpus juris* de Derecho Internacional. La criminalización de los abogados por la emisión de sus opiniones jurídicas considera la FIA que constituye una transgresión a las garantías del artículo 8 de la Convención Americana, pues, en el marco del derecho a la defensa, existe una obligación de los Estados de garantizar que dicha defensa sea independiente, la cual debe ser procurada, entre otras, a través de la inmunidad penal de los abogados por el ejercicio de su profesión. Igualmente, la criminalización de los abogados por la emisión de sus opiniones jurídicas constituye una transgresión al artículo 13 de la Convención Americana, teniendo en cuenta que la manifestación de una opinión jurídica a un

cliente es una forma de expresión especialmente protegida por el Derecho Internacional, razón por la cual la criminalización de la misma constituye una restricción innecesaria y desproporcionada que no atiende a los fines de una sociedad democrática.

iii. *Sistema Europeo de Derechos Humanos.*

31. El Consejo de Europa, a través de una Recomendación del Comité de Ministros, reafirmó el contenido de las normas de Naciones Unidas antes aludidas, y además, dispuso expresamente que los abogados no deben ser sujetos o amenazados de sanciones o presiones cuando actúen de acuerdo a los estándares internacionales[29].

iv. *Sistema Africano de Derechos Humanos*

32. La Comisión Africana de Derechos Humanos y de los Pueblos desarrolló los Principios y Estándares sobre el Derecho a un Juicio Justo y a la Asistencia Legal en África, donde disponen bajo el punto G, sobre la Independencia de los Abogados, la obligación de los Estados de garantizar que los abogados no sufran, *ni sean amenazados, con una imputación penal o cualquier otro tipo de sanción* administrativa, económica o de otra índole por cualquier acción tomada en el ejercicio de sus deberes, estándares, y éticas profesionales reconocidas[30]. Reconoce dicho texto normativo, además, *el derecho a la inmunidad civil y penal por las afirmaciones relevantes que realicen de buena fe, por escrito o en los alegatos orales*, o bien al comparecer como profesionales ante un tribunal judicial, otro tribunal u órgano jurídico o administrativo; adoptando

---

29 *Recomendación Nº R. 2000 (21) del Comité de Ministros sobre la libertad en el ejercicio de la profesión de abogado*, Párrafo I.4, disponible en: https://wcd.coe.int/com.instranet.InstraServlet?command=com.instranet.CmdBlobGet&InstranetImage=533749&SecMode=1&DocId=370286&Usage=2.

30 *Principios y Estándares sobre el Derecho a un Juicio Justo y a la Asistencia Legal en África*, Comisión Africana de Derechos Humanos y de los Pueblos, Párrafo G.3., disponible en: http://www.achpr.org/instruments/fair-trial/.

así textualmente la obligación prevista en la Declaración de las Naciones Unidas sobre los Principios Básicos sobre la Función de los Abogados.

v. *Organizaciones Internacionales.*

33. Aunado a lo anterior, otras prestigiosas organizaciones internacionales han desarrollado el tema del derecho al ejercicio libre e independiente de la profesión de la abogacía. Por ejemplo, el *International Bar Association* desarrolló sus propios principios sobre la Independencia de la Profesión Jurídica (adoptados en 1990), donde expresamente se dispuso, en sus principios Nº 7 y 8, que no debe identificarse al abogado con el cliente o su causa, independientemente de su aceptación; y que <u>no debe amenazarse con una sanción, o sancionarse a un abogado penal, civil, administrativa o económicamente por su asesoría o representación</u> a un cliente o su causa[31].

C. *Independencia de la abogacía y garantía contra las presiones externas*

34. Por otra parte, la garantía frente a presiones externas que ha sido debidamente desarrollada por esta Corte Interamericana en cuanto a la independencia de los jueces, permite sostener que dichos estándares son también aplicables a los abogados, y al presente caso. En ese sentido, esta Corte Interamericana ha previsto que dicha garantía implica que los jueces deben tomar sus decisiones *"sin restricción alguna y sin influencias, alicientes, presiones, amenazas o intromisiones indebidas, sean directas o indirectas, de cualesquiera sectores o por cualquier motivo"*[32]. La FIA estima que el principio

---

[31] *Standards for the Independence of the Legal Profession, International Bar Association*, IBA, 1990, disponible en: www.ibanet.org%2FDocument%2FDefault.aspx%3FDocumentUid%3Df68bbba5-fd1f-426f-9aa5-48d26b5e72e7&ei=JzxKUZf0FZCG9gTC8YGQAQ&usg=AFQjCNEsKZyP3BGPoNEjCMxZqEJ-n3qJ4Q&bvm=bv.44011176,d.eWU.

[32] Sentencia de la Corte Interamericana de Derechos Humanos, Caso *Chocrón Chocrón Vs. Venezuela.* Excepción Preliminar, Fondo, Re-

fundamental de la independencia de los jueces, es decir, que la administración de la justicia esté fuera de injerencias políticas o de políticas indebidas, también es aplicable a la independencia de los abogados. Una sociedad justa y democrática no puede florecer sin una abogacía independiente y con plena autonomía de funcionamiento. La independencia de los abogados, que incluye la posibilidad de defender a sus clientes sin tener que enfrentar hostigamientos o enjuiciamientos maliciosos, resulta fundamental para mantener los principios internacionales de igualdad ante la ley y el estado de derecho.

35. En efecto, así como los jueces requieren una serie de garantías especiales para poder ejercer su cargo (un adecuado proceso de nombramiento, y la garantía contra presiones externas), los abogados igualmente también deben gozar de garantías para asegurar su independencia y, como consecuencia, poder ejercer sus funciones como asesores y representantes de los derechos de sus clientes sin ser sancionados indebidamente a causa de ello. Son necesarias dichas garantías, pues precisamente buscan asegurar la posibilidad de que los derechos y las garantías jurisdiccionales de las personas sean plenamente ejercidas a través de un abogado que pueda llevar a cabo sus labores sin temores a represalias por defender a un cliente o a su causa. Los abogados son los pilares del funcionamiento democrático, y el ejercicio de sus funciones debe ser debidamente protegido.

36. En este mismo orden de ideas, también debe destacarse que en cualquier sociedad democrática, el ejercicio libre de la profesión de abogado ha de considerarse como una garantía para el pluralismo, por lo que por ejemplo, al abogado no se lo puede compeler a interpretar hechos según una determinada interpretación oficial; de manera que si ello se pretendiera desde el Estado, se estaría en presencia de una acción arbitraria, injustificada y antidemocrática, que restringiría el debate público. Al contrario, el ejercicio de la abogac-

---

paraciones y Costas. Sentencia de 1° de julio de 2011. Serie C N° 227, párrafo 100.

ía de una manera libre, sin interferencias y coacciones, es lo que garantiza que las opiniones sean realmente manifestaciones para la defensa de los derechos de las personas o de la institucionalidad, pudiendo por ello, precisamente cuestionar las posiciones oficiales. Pretender que la interpretación del abogado se deba dar de acuerdo con una determinada orientación, es un atentado en contra del Estado Democrático de Derecho, además de imposibilitar el efectivo acceso a la justicia, forzando a los abogados a estar al servicio del poder y no de la ley, como es su derecho y su deber.

i. Sistema Universal de Derechos Humanos

37. El goce de estos derechos fundamentales se encuentra indisolublemente vinculado con la independencia e imparcialidad tanto del poder judicial como de la profesión de la abogacía. Tal como lo explicara el Comisionado de Naciones Unidas para los Derechos Humanos, "los derechos humanos y las libertades fundamentales están mejor salvaguardados en la medida de que el poder judicial y la profesión de la abogacía se encuentren protegidas de la interferencia y la presión"[33].

38. El principio N° 16 de los "Principios Básicos sobre la Función de los Abogados" prevé que los Estados "deben asegurar que los abogados (a) puedan desempeñar todas sus funciones profesionales sin intimidaciones, obstáculos, acosos o interferencias indebidas [.]"

39. Al interpretar el mencionado conjunto de principios, se ha aseverado que "identificar a los abogados con las causas de sus clientes, a menos de que haya pruebas en ese sentido, podría interpretarse como intimidación y hostigamiento de los abogados intere-

---

[33] Comisionado de Naciones Unidas para los Derechos Humanos, Independencia e imparcialidad del Poder Judicial, los jurados, peritos y la independencia de los abogados: Informe sobre la Independencia del Poder Judicial y la protección de los abogados en ejercicio de su profesión, ¶ 1 Doc. de la ONU E/CN.4/Sub.2/1993/25 (30 de julio de 1993) disponible en http://www.unhchr.ch/Huridocda/Hurido-ca.nsf/%28Symbol%29/E.CN.4.Sub.2.1993.25.En?Opendocument.

sado' y había puesto de relieve que cuando haya pruebas de que los abogados se identifican con las causas de sus clientes, *corresponde al Gobierno remitir las denuncias al órgano disciplinario de la profesión jurídica* que corresponda"[34]. En el mismo sentido, Leandro Despouy, Relator Especial para la Independencia de la Judicatura, en 2003, manifestó en su informe a la extinta Comisión de Derechos Humanos de la ONU que:

> "El Relator Especial hace suyo el punto de vista expresado por el Sr. Singhivi en 1985 (E/CN.4/Sub.2/1985/18/Add.1 a 6, párr. 81): 'Los deberes del jurado y el asesor y los del abogado son muy distintos, pero su independencia requiere igualmente que no haya injerencias del poder ejecutivo o legislativo, e incluso del judicial, así como de otras entidades [...]. Los jurados y los asesores, igual que los jueces, tienen la obligación de ser imparciales e independientes. No se puede pedir, sin embargo, que un abogado sea imparcial en la forma en que deben serlo los jueces, jurados o asesores, pero sí tiene que estar libre de toda presión o intromisión exterior. Su deber es representar a sus clientes y a los asuntos de éstos, defendiendo sus derechos e intereses legítimos, y en el ejercicio de ese deber tiene que ser independiente para que los litigantes puedan confiar en los abogados que los representan y para que los abogados, como clase, tengan la capacidad de resistir presiones e injerencias"[35].

40. El Relator Despouy, presentado ante la Comisión de Derechos Humanos, previó al respecto que "[n]o se puede pedir, sin em-

---

[34]   Nota del Secretario General, *Independencia de los Magistrados y Abogados*, Sexagésimo Cuarto Período de Sesiones, 28 de julio de 2009.

[35]   Informe del Relator Especial sobre la independencia de los magistrados y abogados, Sr. Leandro Despouy, *Los Derechos Civiles y Políticos, En Particular las cuestiones relacionadas con: La Independencia del Poder Judicial, la Administración de Justicia, la Impunidad*, 60° Período de Sesiones de la Comisión de Derechos Humanos, 31 de diciembre de 2003, párrafo 48.

bargo, que un abogado sea imparcial en la forma en que deben serlo los jueces, jurados o asesores, pero sí tiene que estar libre de toda presión o intromisión exterior. Su deber es representar a sus clientes y a los asuntos de éstos, defendiendo sus derechos e intereses legítimos, y en el ejercicio de ese deber tiene que ser independiente para que los litigantes puedan confiar en los abogados que los representan y para que los abogados, como clase, tengan la capacidad de resistir presiones e injerencias"[36].

41. Finalmente, el Comité de Derechos Humanos de la ONU ha tenido la oportunidad de enfatizar la importancia de que los abogados, ambos públicos y privados, tengan "la libertad de ejercer su profesión" y ha urgido los Estados de cumplir con los Principios Básicos sobre la Función de los Abogados[37],

ii. *Sistema Interamericano de Derechos Humanos*

42. En primer lugar, la protección a la independencia de los abogados se desprende del artículo 8 de la Convención Americana, que reconoce el derecho a la defensa entre una de sus garantías, y en concreto, la garantía de tener la posibilidad de *"ser asistido por un defensor de su elección"*. En este sentido, dicho artículo debe ser interpretado a la luz de los Principios Básicos sobre la Función del Abogado y los demás documentos jurídicos antes referidos, pues forman parte del *corpus iuris* del Derecho Internacional, y como consecuencia, permiten identificar el alcance de la norma jurídica contenida en el artículo 8 de la Convención[38].

---

[36] Informe del Relator Especial sobre la independencia de los magistrados y abogados, Sr. Leandro Despouy, *Los Derechos Civiles y Políticos, En Particular las cuestiones relacionadas con: La Independencia del Poder Judicial, la Administración de Justicia, la Impunidad*, 60° Período de Sesiones de la Comisión de Derechos Humanos, 31 de diciembre de 2003, párrafo 48.

[37] Concluding observations of the Human Rights Committee on the Libyan Arab Jamahiriya, CCPR/C/79/Add.101, párrafo 14.

[38] Sentencia de la Corte Interamericana de Derechos Humanos, Caso de los *"Niños de la Calle" (Villagrán Morales y otros) Vs. Guatemala.*

43. De no garantizarse la independencia de los abogados en los términos antedichos, se conformaría un obstáculo ilegítimo en el ejercicio del derecho a la defensa de las personas y por ende una violación del artículo 8 de la Convención, pues indirectamente se estaría permitiendo la imposición de obstáculos a los abogados que buscan procurar el derecho a la defensa de sus clientes en aquellos casos sobre los cuales podría existir alguna represalia posterior. Si bien el caso *sub lite* no está directamente referido al caso de un abogado defendiendo a su cliente en un proceso judicial, el debilitamiento de cualquier aspecto de la independencia de los abogados amenaza la integridad del sistema judicial en su totalidad y contribuye asimismo a crear un ambiente que permite injerencias con el derecho a la defensa.

iii. *Sistema Europeo de Derechos Humanos*

44. Ahora bien, el Consejo de Europa ha declarado que "deben tomarse todas las medidas necesarias para respetar, proteger y promover la libertad de ejercicio de la profesión de abogado, sin discriminación y sin interferencias indebidas de las autoridades o del público ..."[39].

45. En *Nikula v. Finlandia,* la Corte Europea de Derechos Humanos sostuvo que: "en ciertas circunstancias, la interferencia sobre la libertad de expresión de un asesor letrado en ocasión de un juicio podría plantear una cuestión en virtud del Artículo 6 de la Convención con respecto al derecho de un cliente acusado a recibir un juicio justo"[40].

Fondo. Sentencia de 19 de noviembre de 1999. Serie C N° 63, Párrafo 194.

[39] Council of Europe Recommendation N° R (2000) 21 of the Committee of Ministers to Member States on the freedom of exercise of the profession of lawyers, Principio 1¶1.

[40] *Nikula,* C.E. DD.HH., en ¶ 49.

iv. *Jurisprudencia Judicial comparada.*

46. La Corte Suprema de los Estados Unidos ha defendido la el ejercicio libre y la independencia de la profesión de abogacía en varias ocasiones. En *NAACP v. Virginia*, dicha Corte afirmó que la abogacía y las actividades legales son formas de la libre expresión, las cuales el Estado no puede prohibir bajo su poder de regular la profesión legal[41].

IV. SOBRE EL DERECHO A SER JUZGADO POR JUECES IMPARCIALES, AUTÓNOMOS E INDEPENDIENTES

47. La FIA, por su relación directa con el ejercicio de la profesión de la abogacía en un Estado de Derecho donde se protejan los derechos humanos, destaca que entre las garantías judiciales más relevantes establecidas en la Convención Americana está el derecho de toda persona a ser juzgado por jueces imparciales e independientes (artículo 8), incorporándose así, a la misma, y al Sistema Interamericano de Protección de los Derechos Humanos, uno de los estándares más importantes desarrollados internacionalmente para ello. Es así, por ejemplo, que en los *Principios Básicos Relativos a la Independencia de la Judicatura* adoptados en el Sistema Universal de Protección de los Derechos Humanos, se reconoce, en su primer artículo, que la independencia de la judicatura debe ser "garantizada por el Estado y proclamada por la Constitución o la legislación del país" de manera que "todas las instituciones gubernamentales y de otra índole respetarán y acatarán la independencia de la judicatura,"[42] para cuyo efecto, precisamente las constituciones, para garantizar dicha independencia de los jueces, disponen específicamente garantías para el proceso de su nombramiento, de estabilidad y de remoción de los jueces, tal como ocurre precisamente en

---

[41]   *Cf.* Caso *National Ass'n for Advancement of Colored People v. Button*, 371 U.S. 415 (1963).

[42]   *Principios Básicos relativos a la Independencia de la Judicatura*, aprobados por **Séptimo Congreso de las Naciones Unidas sobre Prevención del Delito y Tratamiento del Delincuente**, celebrado en Milán (Italia) del 26 de agosto al 6 de septiembre de 1985.

la letra de la Constitución venezolana de 1999 (artículos 253 y siguientes).

48. Con base en estas previsiones, esta Corte Interamericana en sus importantes y recientes sentencias dictadas en los Casos *Tribunal Constitución vs. Perú, Apitz y otros vs. Venezuela, Reverón Trujillo vs. Venezuela, y Chocrón Chocrón vs. Venezuela,*[43] en relación precisamente con procesos seguidos contra Venezuela, se ha referido al principio de independencia judicial indicando que "constituye uno de los pilares básicos de las garantías del debido proceso", "indispensable para la protección de los derechos fundamentales", que por ello "debe ser respetado en todas las áreas del procedimiento y ante todas las instancias procesales en que se decide sobre los derechos de la persona"[44]; precisando además entre sus elementos constitutivos: *"un adecuado proceso de nombramiento, la inamovilidad en el cargo y la garantía contra presiones externas"*[45].

49. Para garantizar esa independencia de los jueces, y preservar al Poder Judicial de intromisiones de los otros poderes del Estado, en el Estado democrático de derecho se erige el principio fundamental el de la separación de poderes, que se consagra en todas las Constituciones contemporáneas. Ello, sin embargo, no ha impedido la intromisión de los restantes poderes públicos en la independencia

---

[43]   Sentencias de la Corte Interamericana de Derechos Humanos, Caso *Tribunal Constitucional Vs. Perú. Fondo*, Reparaciones y Costas. Sentencia de 31 de enero de 2001. Serie C N° 71; Caso *Apitz Barbera y otros ("Corte Primera de lo Contencioso Administrativo") vs. Venezuela.* Excepción Preliminar, Fondo, Reparaciones y Costas. Sentencia de 5 de agosto de 2008. Serie C N° 182; Caso *Reverón Trujillo Vs. Venezuela.* Excepción Preliminar, Fondo, Reparaciones y Costas. Sentencia de 30 de junio de 2009. Serie C N° 197; y caso *Chocrón Chocrón Vs. Venezuela.* Excepción Preliminar, Fondo, Reparaciones y Costas. Sentencia de 1 de julio de 2011. Serie C N° 227.

[44]   Véase la sentencia de la Corte Interamericana de Derechos Humanos, caso *Reverón Trujillo Vs. Venezuela.* Excepción Preliminar, Fondo, Reparaciones y Costas. Sentencia de 30 de junio de 2009. Serie C N° 197, párrafo 68.

[45]   *Idem*, párrafo 70.

de la judicatura, que puede ser directa o encubierta. Así, por ejemplo, la Comisión Africana consideró que dos decretos promulgados por el gobierno de Nigeria que suprimían la jurisdicción de los tribunales para impugnar decretos o acciones gubernamentales violaban las garantías del Artículo 7 de la Carta Africana, relativo al derecho de toda persona a que su causa sea oída, y del Artículo 26, relativo a la independencia de los tribunales. Concluyendo que "un ataque de esta índole a la jurisdicción de los tribunales es particularmente ofensivo, porque a la vez que constituye en sí mismo una violación de los derechos humanos, permite que otras violaciones de derechos queden sin reparación"[46].

50. La imparcialidad e independencia de los jueces, en el marco de la separación de poderes, en general se garantiza mediante adecuados sistemas de selección de los jueces, y de remoción de los mismos, con las garantías del debido proceso. En cuanto al proceso de nombramiento de los jueces, la jurisprudencia de esta Corte Interamericana, evocando criterios del Sistema Universal de Protección de Derechos Humanos, asevera que debe garantizarse un proceso de nombramiento de jueces que garantice *igualdad de oportunidades entre los candidatos, utilizando preponderantemente criterios de mérito personal del juez, calificación, integridad, capacidad y eficiencia, y que asegure la objetividad y la razonabilidad*[47].

51. Por su parte, al analizar la garantía de estabilidad (o inamovilidad) de los jueces, esta Corte Interamericana asume los estándares desarrollados en los *Principios básicos relativos a la independencia de la judicatura* relacionados al tema, donde se dispone que "*se garantizará la inamovilidad de los jueces, tanto de los nombrados mediante decisión administrativa como de los elegidos, hasta que cumplan la edad para la jubilación forzosa o expire el período para el que hayan sido nombrados o elegidos, cuando existan nor-*

---

46   Comisión Africana, caso *Civil Liberties Organization v. Nigeria, (129/93), 8th Annual Report of the African Commission*, 1994-1995, ACHPR/RPT/8th/Rev. I. T. de EDAI.

47   *Idem*, párrafos 72-73.

mas al respecto."[48] La inamovilidad de los jueces, por otra parte, encuentra límite en la responsabilidad disciplinaria de conformidad con la misma declaración de Principios, reconociendo, de conformidad con los principios 17 y siguientes, que sólo podrían ser separados del cargo los jueces por incurrir en responsabilidad disciplinaria debidamente tramitada con las garantías de un debido proceso legal ante los órganos legalmente previstos para ello *"por incapacidad o comportamiento que les inhabilite para seguir desempeñando sus funciones"*.

52. Esta Corte Interamericana, siguiendo el criterio del Comité de Derechos Humanos respecto de la inamovilidad de los jueces, ha añadido que *"los jueces sólo pueden ser removidos por faltas de disciplina graves o incompetencia y acorde a procedimientos justos que aseguren la objetividad e imparcialidad según la constitución o la ley,"*[49] agregando que *"la autoridad a cargo del proceso de destitución de un juez debe conducirse independiente e imparcialmente en el procedimiento establecido para el efecto y permitir el ejercicio del derecho de defensa . Ello es así toda vez que la libre remoción de jueces fomenta la duda objetiva del observador sobre la posibilidad efectiva de aquellos de decidir controversias concretas sin temor a represalias"*[50].

53. Todos estos principios fueron formalmente incorporados en la Constitución de Venezuela de 1999, al declarar que "el Poder Judicial es independiente" (art. 254), previéndose en la misma principios tendientes a "garantizar la imparcialidad y la independencia en el ejercicio de sus funciones" (artículo 256) de los magistrados,

---

[48]   *Principios Básicos relativos a la Independencia de la Judicatura*, Aprobados por **Séptimo Congreso de las Naciones Unidas sobre Prevención del Delito y Tratamiento del Delincuente**, celebrado en Milán (Italia) del 26 de agosto al 6 de septiembre de 1985.

[49]   Sentencia de la Corte Interamericana de Derechos Humanos, caso *Reverón Trujillo Vs. Venezuela*. Excepción Preliminar, Fondo, Reparaciones y Costas. Sentencia de 30 de junio de 2009. Serie C N° 197, párrafo 77.

[50]   *Idem*, párrafo 78.

jueces y demás funcionarios integrantes del sistema de justicia (artículo 256); independencia que la Ley del Código de Ética del Juez Venezolano de 2010, precisó que significa que en "su actuación sólo deben estar sujetos a la Constitución de la República y al ordenamiento jurídico," y que "sus decisiones, en la interpretación y aplicación de la ley y el derecho, sólo podrán ser revisadas por los órganos jurisdiccionales que tengan competencia, por vía de los recursos procesales, dentro de los límites del asunto sometido a su conocimiento y decisión," de manera, incluso, que los órganos con competencia disciplinaria sobre los jueces sólo "podrán examinar su idoneidad y excelencia, sin que ello constituya una intervención indebida en la actividad jurisdiccional" (artículo 4)[51].

54. La Constitución de Venezuela, por otra parte, no sólo formuló principios, sino que previó expresamente que el ingreso a la carrera judicial solo puede realizarse mediante un proceso de selección o concurso público, con participación ciudadana, estableciendo además el principio de su estabilidad judicial, al consagrar la inamovilidad de los jueces salvo cuando sea como consecuencia de la imposición de sanciones disciplinarias que sólo pueden ser determinadas por jueces disciplinarios integrados en una Jurisdicción Disciplinaria Judicial (artículos 255, 267). En esta forma, en Venezuela, conforme a la Constitución, quienes pueden tener la calidad de jueces, sólo deben ser quienes ingresen a la carrera judicial mediante concursos públicos que aseguren la idoneidad y excelencia de los participantes, quienes deben ser seleccionados por los jurados de los circuitos judiciales en la forma y condiciones que establezca la ley, asegurándose además "la participación ciudadana en el procedi-

---

[51] *Ley del Código de Ética del Juez Venezolano y Jueza Venezolana* en *Gaceta Oficial* N° 39.494 de 24-8-2010. El Código derogó expresamente el Reglamento que regía el funcionamiento de la Comisión de Funcionamiento y Reorganización del Poder Judicial. Los jueces del Tribunal Disciplinario Judicial y de la Corte Disciplinaria Judicial fueron nombrados por Actos Legislativos publicados en *Gaceta Oficial* N° 39693 de 10-06-2011. Véase el "Acta de Constitución del Tribunal Disciplinario Judicial," de 28-06-2011, en *Gaceta Oficial* N° 39.704 de 29-06-2011.

miento de selección y designación de los jueces." Y a dichos jueces, conforme al mismo artículo 255 de la Constitución, se les garantiza su estabilidad de manera que sólo pueden ser removidos o suspendidos de sus cargos mediante los procedimientos expresamente previstos en la ley, a ser desarrollados por una Jurisdicción Disciplinaria Judicial, a cargo de jueces disciplinarios (artículo 267).

55. Sin embargo, como se deduce de algunos de los Informes de la Comisión Interamericana de Derechos Humanos y de la jurisprudencia de esta honorable Corte, las referidas normas constitucionales no han llegado a ejecutarse totalmente, dejándose constancia de que los concursos públicos para los jueces en general no se han realizado, y las remoción de los mismos durante la década pasada ha sido discrecional. Por ello, la Comisión Interamericana de Derechos Humanos en su *Informe Anual de 2008*, calificó la situación en Venezuela como un "problema endémico" que ha expuesto a los jueces a su destitución discrecional[52], a cuyo efecto la Comisión Interamericana llamó la atención sobre el "permanente estado de emergencia al cual están sometidos los jueces."[53] Por todo ello, no es de extrañar que la Comisión Interamericana de Derechos Humanos haya también expresado en el *Informe Anual* de 2009, que "en Venezuela los jueces y fiscales no gozan de la garantía de permanencia en su cargo necesaria para asegurar su independencia en relación con los cambios de políticas gubernamentales"[54]. El resultado de todo ello

---

[52]   La Sala Político-Administrativa del Tribunal Supremo de Justicia ha resuelto que la remoción de jueces temporales es una facultad discrecional de la Comisión de Funcionamiento y Reestructuración del Sistema Judicial, la cual adopta sus decisiones sin seguir procedimiento administrativo alguno. Véase Decisión N° 00463-2007 del 20-03-2007; Decisión N° 00673-2008 del 24-04-2008 (citada en la Decisión N° 1.939 del 18-12-2008, p. 42). La Sala Constitucional ha establecido la misma posición en la Decisión N° 2414 del 20-12-2007 y Decisión N° 280 del 23-02-2007.

[53]   *Annual Report 2008* (OEA/Ser.L/V/II.134. Doc. 5 rev. 1. 25-02-2009), parágrafo 39.

[54]   *Informe Anual de 2009*, parágrafo 480, en http://www.cidh.oas.org/-annual-rep/2009eng/Chap.IV.f.eng.htm.

fue que se efectuó una "depuración"[55] o "purga"[56] del Poder Judicial, mediante la destitución y suspensión discrecional de jueces, con precaria garantía al derecho a la defensa, para sustituirlos por jueces suplentes e interinos, sin el sistema de selección por concurso público que exige la Constitución. Incluso, debe destacarse que el intento que se hizo en la mencionada Ley del Código de Ética del Juez Venezolano de 2010 para el alguna forma garantizar la situación de los jueces temporales y provisorios, extendiéndoles a los mismos la aplicación del régimen jurídico de los jueces de carrera, la Sala Constitucional del Tribunal Supremo de Justicia, mediante sentencia N° 516 de fecha 7 de mayo de 2013, suspendió *de oficio* los efectos de dichas normas del referido Código de Ética del Juez Venezolano "por no tratarse de jueces o juezas que hayan ingresado a la carrera judicial, correspondiéndole a la Comisión Judicial la competencia para sancionarlos y excluirlos de la función jurisdiccional"[57].

56. La Comisión Interamericana de Derechos Humanos ha destacado con preocupación en su *Informe Anual de 2009* que en muchos casos, "los jueces son removidos inmediatamente después de

---

[55]   La expresión se utilizó en la sentencia N° 1.939 de 18-12-2008 (Caso: *Abogados Gustavo Álvarez Arias y otros*), en la cual la Sala Constitucional decidió que la decisión de 05-08-2008 de la Corte Interamericana de Derechos Humanos era inejecutable en Venezuela (Caso: *Apitz Barbera y otros ["Corte Primera de lo Contencioso Administrativo"] vs. Venezuela [Corte IDH]*, Case: *Apitz Barbera y otros ["Corte Primera de lo Contencioso Administrativo"] vs. Venezuela*, Sentencia de 5 de agosto de 2008, Serie C, N° 182. Véase en *Revista de Derecho Público*, N° 116, Editorial Jurídica Venezolana, Caracas, 2008, pp. 89-106. También en http://www.tsj.gov.ve/decisiones/scon/Diciembre/1939-181208-2008-08-1572.html.

[56]   Es lo que el profesor Chavero califica como "purga." Véase Rafael J. Chavero Gazdik, *La Justicia Revolucionaria. Una década de Reestructuración (o Involución) Judicial en Venezuela,* Editorial Aequitas, Caracas 2011, pp. 58, 59.

[57]   Véase   en   http://www.tsj.gov.ve/decisiones/scon/Mayo/516-7513-2013-09-1038.html.

adoptar decisiones judiciales en casos con impactos políticos importantes," concluyendo con la afirmación de que "la falta de independencia judicial y de autonomía en relación con el poder político es, en opinión de la Comisión el punto más débil de la democracia venezolana"[58].

57. Ahora bien, en el caso *Brewer-Carías vs. Venezuela* llevado ante esta Corte Interamericana, se ha alegado que en el proceso penal al cual fue sometido en Venezuela, el mismo ha sido conducido por jueces y fiscales provisorios, es decir, que nombrados discrecionalmente, carecen totalmente de estabilidad[59]; situación que en otros casos lo ha ya reconocido y decidido esta Corte Interamericana al concluir, por ejemplo en la sentencia del caso de *Reverón Trujillo vs. Venezuela*, que *"en Venezuela, desde agosto de 1999 hasta la actualidad, los jueces provisorios no tienen estabilidad en el cargo, son nombrados discrecionalmente y pueden ser removidos*

---

[58] ICHR, *Annual Report 2009*, para. 483. Available at http://www.cidh.oas.org/annualrep/2009eng/Chap.IV.f.eng.htm. Véase una relación detallada de los Informes de organizaciones internacionales de protección de derechos humanos sobre la situación del Poder Judicial en Venezuela, en Rafael J. Chavero Gazdik, *La Justicia Revolucionaria. Una década de Reestructuración (o Involución) Judicial en Venezuela,* Editorial Aequitas, Caracas 2011, pp. 123-150.

[59] Como lo ha dicho Rafael Chavero G., "Con este modelo de justicia provisoria se han destituido centenares de jueces sin justificación legal, muchas veces por motivos personales y otras por razones de naturaleza política y hasta económica. Y es precisamente lo que ha evitado la consolidación de las normas constitucionales que regulan la forma de ingresar y salir del Poder Judicial, pues lógicamente los factores políticos prefieren mantener un sistema donde puedan manejarse con abierta discrecionalidad y hasta arbitrariedad." Véase en su libro: *La Justicia Revolucionaria, Una década de Reestructuración (o Involución) Judicial en Venezuela,* Editorial Aequitas, Caracas 2011, p. 112.

sin sujeción a ningún procedimiento preestablecido"[60]. La FIA observa que dicha decisión se refiere a la situación que existió en Venezuela entre 1999 y 2009, precisamente el período que abarca el del proceso penal seguido contra el profesor Brewer-Carías, que se inició en 2005. Esta Corte Interamericana, además, en su sentencia al caso *Chocrón Chocrón vs. Venezuela*, sobre el tema de la inamovilidad de los jueces ha expresado que "si los jueces provisorios no tienen la seguridad de permanencia durante un período determinado, serán vulnerables a presiones de diferentes sectores, principalmente de quienes tienen la facultad de decidir sobre destituciones o ascensos en el Poder Judicial;" y que "la provisionalidad de los jueces o el hecho de que la mayoría de los jueces se encuentren en dicha situación, generan importantes obstáculos para la independencia judicial"[61].

58. Partiendo de esta doctrina de esta Corte Interamericana, y teniendo en cuenta el contenido del artículo 8 de la Convención Americana, que determina el derecho de toda persona *a ser juzgado por un juez independiente e imparcial*, se desprende que el juzgamiento de una persona por un juez provisorio en Venezuela constituye una violación al mencionado artículo de la Convención; ya que como lo ha dicho el Comité de Derechos Humanos de la ONU, la competencia, imparcialidad e independencia de un juez son los elementos constitutivos de la garantía del juez natural prevista en el artículo 14 del Pacto Internacional de Derechos Civiles y Políticos[62], equivalente al artículo 8 de la Convención Americana.

59. Finalmente, quisiéramos indicar ante esta Corte Interamericana que en el ámbito de protección de los derechos humanos, en la

---

[60] Corte IDH. caso *Reverón Trujillo Vs. Venezuela*. Excepción Preliminar, Fondo, Reparaciones y Costas. Sentencia de 30 de junio de 2009. Serie C N° 197, Párrafo 106.

[61] Corte IDH. Caso *Chocrón Chocrón Vs. Venezuela*. Excepción Preliminar, Fondo, Reparaciones y Costas. Sentencia de 1° de julio de 2011. Serie C N° 227, párrafo 105-107.

[62] Comité de Derechos Humanos, *Observación General* N° 32, párrafos 19 y 21.

actualidad se está frente a una situación de extrema urgencia, pues Venezuela quedara fuera del Sistema Interamericano en apenas unos días. Además, se destaca que en el pasado, el gobierno venezolano ignoró hasta nueve decisiones de esta Corte en contra del Estado, con dos argumentos: que los dictámenes de esa instancia no son de obligatorio cumplimiento, y que constituyen una intromisión en asuntos internos. Sin embargo, tales argumentos contradicen la propia Constitución venezolana, la cual establece que los acuerdos internacionales suscritos por dicho país poseen jerarquía constitucional y prevalecen en el orden interno (artículo 23). En tal sentido son paradigmáticos los casos *Leopoldo López* (2011)[63] y *Apitz (Corte primera de lo Contencioso Administrativo)* (2008) [64], cuyas sentencias fueron desacatadas por el Estado, que las declaró inejecutables en Venezuela.

V. CONCLUSIÓN

60. Como corolario de los razonamientos anteriores, la FIA considera que se puede concluir:

A. En cuanto a las consideraciones jurídicas expuestas sobre *el derecho al ejercicio libre e independiente de la profesión de la abogacía y de los abogados a expresar libremente sus opiniones legales* garantizados en los artículos 8 y 13 de la Convención Americana sobre Derechos Humanos, los mismos obligan a los Estados a asegurar la inmunidad penal de los abogados por el ejercicio de su profesión y, por tanto, garantizar la prohibición de la criminalización de los abogados por la emisión de sus opiniones jurídicas, particularmente teniendo en cuenta que la manifestación de una opinión jurídica a un cliente es una forma de ejercicio de la

---

[63] Corte IDH. Caso *Leopoldo López Mendoza vs. Venezuela*, Fondo, Reparaciones y Costas. Sentencia de 1 de septiembre de 2011. Serie C N° 233.

[64] Corte IDH. Caso *Corte IDH. Caso Apitz Barbera y otros ("Corte Primera de lo Contencioso Administrativo") Vs. Venezuela*. Excepción Preliminar, Fondo, Reparaciones y Costas. Sentencia de 5 de agosto de 2008. Serie C N° 182.

libertad de expresión especialmente protegida por el Derecho Internacional. La interpretación de la libertad de expresión cónsona con el corpus iuris de Derecho Internacional permite concluir que existe una prohibición absoluta a la criminalización de los abogados por la emisión de sus opiniones jurídicas, pues serían innecesarias y desproporcionadas en la atención a los fines previstos en una sociedad democrática. En consecuencia, partiendo de los estándares internacionales desarrollados en la materia antes analizados, no es admisible que se criminalice a un abogado por haber dado una opinión jurídica, como ha sido el caso que originó el proceso penal en contra del profesor Brewer Carías, que tuvo su origen en el hecho de que en su condición de abogado se le solicitó una opinión jurídica sobra la juridicidad de un decreto que se le sometió a su consideración, sobre el cual incluso le expresó a quien le requirió la opinión, críticas y objeciones sobre su constitucionalidad. La criminalización de esa mera opinión jurídica dada en su condición de abogado y dentro del marco del libre ejercicio profesional de la abogacía, como resulta del proceso penal seguido contra el profesor Brewer Carías en Venezuela, a juicio de esta Federación Interamericana de Abogados, constituye una violación de los mencionados artículos 8 y 13 de la Convención Americana.

B. En cuanto a las consideraciones jurídicas expuestas sobre *el derecho de las personas a ser juzgados por jueces imparciales, autónomos e independientes* garantizado en el artículo 8 de la Convención Americana sobre Derechos Humanos, el mismo obliga a los Estados a asegurar que los jueces gocen de las debidas garantías de estabilidad en el ejercicio de sus cargos, por lo que dicho derecho resultaría violado si un proceso penal resulta conducido por jueces *provisorios* los cuales no garantizan el derecho a ser juzgado por jueces independientes e imparciales, pues que no gozan de estabilidad y son particularmente susceptibles a presiones externas, contraviniendo los estándares internacionales que regulan la materia, interpretados a la luz de dicho artículo 8 de la Convención Americana. En consecuencia, partiendo de la doctrina establecida por esta honorable Corte Interamericana, habiendo sido el proceso penal seguido contra el profesor Brewer

Carías en Venezuela conducido por jueces y fiscales provisorios, se debe concluir que dicho juzgamiento constituye una violación al mencionado artículo 8 de la Convención Americana.

61. Confiamos en que lo que anteriormente ha expresado por la FIA, en calidad de *Amicus Curiae*, en los términos definidos en el artículo 2.3 del Reglamento de esta Corte Interamericana, como razonamientos en torno a los hechos del proceso, particularmente los narrados en el *Informe de sometimiento* del caso por parte de la Comisión Interamericana de Derechos Humanos ante la misma de 7 de marzo de 2012, y como consideraciones jurídicas sobre la materia del proceso, sirvan a esta Corte Interamericana para adoptar una justa decisión que salvaguarde los principios fundamentales que gobiernan el ejercicio de la abogacía, y que la FIA respeta y promueve como uno de sus pilares fundamentales.

62. Dejando así expuestas las razones que nos llevan a intervenir como *Amicus Curiae* ante esta Corte Interamericana de Derechos Humanos, quedamos atentos a cualquier solicitud de información o aclaratoria posterior.

En Washington, el 23 de agosto de 2013.

JOSÉ ALBERTO ÁLVAREZ
PRESIDENTE DE LA FEDERACIÓN INTERAMERICANA DE ABOGADOS

FERNANDO SAENGER
PRESIDENTE COMITÉ DE DERECHO CONSTITUCIONAL DE LA FEDERACIÓN INTERAMERICANA DE ABOGADOS

RENALDY GUTIÉRREZ
EX-PRESIDENTE DE LA FEDERACIÓN INTERAMERICANA DE ABOGADOS

DANTE FIGUEROA
EX-SECRETARIO GENERAL DE LA FEDERACIÓN INTER-AMERICANA DE ABOGADOS

**INFORME DE FONDO
Y SOMETIMIENTO DEL CASO POR LA
COMISIÓN INTERAMERICANA DE DERECHOS
HUMANOS ANTE LA CORTE INTERAMERICANA
DE DERECHOS HUMANOS, EN EL CASO 12.274,
ALLAN R. BREWER-CARÍAS VS. VENEZUELA**

**I. SOMETIMIENTO DEL CASO ANTE LA CORTE INTER-
AMERICANA DE DERECHOS HUMANOS, 7 DE MARZO
DE 2012**

7 de marzo de 2012

**Señor
Pablo Saavedra Alessandri,
Secretario Corte Interamericana de Derechos Humanos
Apartado** 6906-1000
San José, Costa Rica Anexos

Ref.: **Caso N° 12.724**
Allan R. Brewer Carías
Venezuela

Señor Secretario:

Tengo el agrado de dirigirme a usted en nombre de la Comisión
Interamericana de Derechos Humanos con el objeto de someter a la
jurisdicción de la Honorable Corte Interamericana de Derechos
Humanos, el caso N° 12.724, Allan R. Brewer Carías de la Repúbli-

ca Bolivariana de Venezuela (en adelante "el Estado de Venezuela", "el Estado venezolano" o "Venezuela"), relacionado con la falta de garantías judiciales y protección judicial en el proceso seguido al abogado constitucionalista Allan R. Brewer Carías por el delito de conspiración para cambiar violentamente la Constitución, en el contexto de los hechos ocurridos entre el 11 y el 13 de abril de 2002, en particular, su supuesta vinculación con la redacción del llamado "Decreto Carmona" mediante el cual se ordenaba la disolución de los poderes públicos y el establecimiento de un "gobierno de transición democrática".

La Comisión concluyó en su informe de fondo que el hecho de que el proceso penal seguido contra Allan Brewer Carías estuviera a cargo de tres jueces temporales durante la etapa preliminar constituía en sí misma una violación a las garantías judiciales en el caso concreto. Asimismo, la Comisión consideró que en este caso se afectaron las garantías de independencia e imparcialidad del juzgador y el derecho a la protección judicial, teniendo en cuenta que uno de los jueces temporales fue suspendido y reemplazado dos días después de presentar una queja por la falta de cumplimiento de una orden emitida por él que ordenaba el acceso del imputado a la totalidad de su expediente, sumado a la normativa y práctica respecto del nombramiento, destitución y situación de provisionalidad de los jueces en Venezuela. Finalmente, la Comisión consideró que la imposibilidad de la víctima de acceder al expediente en su totalidad y sacar fotocopias, configuró la violación al derecho a contar con los medios adecuados para la preparación de la defensa.

El Estado depositó el instrumento de ratificación de la Convención Americana sobre Derechos Humanos el 9 de agosto de 1977 y aceptó la jurisdicción contenciosa de la Corte el 24 de junio de 1981. En ese sentido, los hechos debatidos en el caso se encuentran comprendidos dentro de la competencia temporal de la Corte Interamericana,

La Comisión ha designado al Comisionado Felipe González y al Secretario Ejecutivo de la CIDH Santiago A. Cantón, como sus delegados. Asimismo, Elizabeth Abi-Mershed, Secretaria Ejecutiva

Adjunta, Tatiana Gos, Lilly Ching y Karin Mansel, abogadas de la Secretaría Ejecutiva de la CIDH, actuarán como asesoras legales.

De conformidad con el artículo 35 del Reglamento de la Corte Interamericana, la Comisión adjunta copia del Informe 171/11 elaborado en observancia del artículo 50 de la Convención, así como copia de la totalidad del expediente ante la Comisión Interamericana (Apéndice I) y los anexos utilizados en la elaboración del informe 171/11 (Anexos). La Comisión adoptó el Informe de Fondo N° 171/11 el 3 de noviembre de 2011 y lo transmitió al Estado el 7 de diciembre de 2011, otorgándole un plazo de dos meses para que informara sobre las medidas adoptadas para dar cumplimiento a las recomendaciones respectivas. El 7 de febrero de 2012, el Estado presentó una comunicación que no aportó información sobre el cumplimiento de las recomendaciones formuladas por la Comisión, sino cuestionó las conclusiones del Informe de Fondo, con base en argumentos planteados a lo largo de la tramitación del caso y que fueron oportuna y debidamente analizados.

La Comisión somete el presente caso a la jurisdicción de la Corte Interamericana por la necesidad de obtención de justicia para la víctima, debido a la naturaleza y gravedad de las violaciones comprobadas, y ante el incumplimiento de las recomendaciones por parte del Estado.

La Comisión Interamericana somete a la jurisdicción de la Corte la totalidad de los hechos y violaciones de derechos humanos descritos en el Informe de Fondo 171/11, y solicita a la Corte que concluya y declare la responsabilidad internacional del Estado de Venezuela por:

la violación de los derechos contemplados en los artículos 8 y 25 de la Convención Americana, en relación con sus artículos 1.1 y 2, en perjuicio de Allan R. Brewer Carías.

En consecuencia, la Comisión solicita a la Corte Interamericana que disponga las siguientes medidas de reparación:

1. Adoptar medidas para asegurar la independencia del poder judicial, reformando a fin de fortalecer los procedimientos de nombramiento y remoción de jueces y fiscales, afirmando su estabilidad en el cargo y eliminando la situación de provisionalidad en que se encuentra la gran mayoría de jueces y fiscales, con el objeto de garantizar la protección y garantías judiciales establecidas en la Convención Americana,

2. En el caso de que el proceso penal contra Allan Brewer Carías avance, poner en práctica las condiciones necesarias para asegurar que la causa sea llevada conforme las garantías y los estándares consagrados en los artículos 8 y 25 de la Convención Americana.

3. Reparar adecuadamente las violaciones de derechos humanos declaradas en el presente informe tanto en el aspecto material como moral.

Asimismo, la Comisión advierte que este caso contiene elementos de orden público interamericano ya abordados por el sistema de protección de derechos humanos en relación con el principio de independencia judicial consagrado en el artículo 8,1 de la Convención Americana. La Comisión considera que este caso permitirá a la Corte retomar su jurisprudencia en relación con la provisionalidad del Poder Judicial en Venezuela pero desde otra perspectiva, esto es, en cuanto al derecho a garantías y protección judicial de una persona acusada penalmente.

En este sentido, en virtud de que estas cuestiones afectan de manera relevante el orden público interamericano, de conformidad con el artículo 35.1 f) del Reglamento de la Corte Interamericana, la Comisión se permite solicitar el traslado, en lo pertinente, de las declaraciones de Antonio Canova González, en el caso *Chocrón Chocrón vs. Venezuela,* José Luis Tamayo Rodríguez y Alberto Arteaga Sánchez, en el caso *Reverón Trujillo vs. Venezuela,* y Param Cumaraswamy y Jesús María Casal Hernández, en el caso *Apítz Barbera y otros ("Corte Primera de lo Contencioso Adminis-*

trativo") vs. Venezuela, quienes se refirieron a los temas de orden público referidos. Asimismo, la Comisión se permite ofrecer la siguiente declaración pericial:

1. José Zeitune, quien se referirá a estándares internacionales aplicables al impacto de la provisionalidad de jueces y fiscales en relación con el principio de independencia judicial, el debido proceso y las garantías judiciales de las personas sometidas a proceso penal, en particular en el contexto de una acusación penal donde se debaten cuestiones con contenido político.

El curriculum vitae del perito propuesto será incluido en los anexos al informe de fondo 171/11.

Finalmente, el abogado que actuó como peticionario ante la Comisión y sus datos son:

Pedro Nikken
Av. Venezuela, Torre América, PHB
Bello Monte, Caracas 1050
Venezuela pedro.nikken@gmail.com

Aprovecho la oportunidad para saludar a usted muy atentamente,

Elizabeth Abi-Mershed
Secretaria Ejecutiva Adjunta

II. INFORME DE FONDO Nº 171/11 DE LA COMISIÓN IN-TERAMERICANA DE DERECHOS HUMANOS, 3 NO-VIEMBRE 2011[1]

OEA/Ser.L/V/II, 143
Doc. 55
3 noviembre 2011
Original: Español

143° período ordinario de sesiones

INFORME Nº 171/11[2]
CASO 12.724
INFORME DE FONDO
ALLAN R. BREWER CARÍAS
VENEZUELA

Aprobado por la Comisión en su sesión N° 1891
celebrada el 3 de noviembre de 2011

I. RESUMEN

1. El 24 de enero de 2007 la Comisión Interamericana de Derechos Humanos (en adelante también "la Comisión'" o "la CIDH") recibió una petición presentada por Pedro Nikken, Helio Bicudo, Claudio Grossman, Juan E, Méndez, Douglass Cassel y Héctor Faúndez Ledesma (en adelante "los peticionarios"), en la cual se alega que la República Bolivariana de Venezuela (en adelante "el Estado") es responsable por la persecución política del abogado constitucionalista Allan R. Brewer Carías (en adelante "la presunta víctima'") en el marco de un proceso judicial en su contra por el delito de conspiración para cambiar violentamente la Constitución,

---

[1]   Véase   en   http://www.oas.org/es/cidh/decisiones/corte/12.724Fon-doEsp.doc

[2]   Conforme a lo dispuesto en el artículo 17.2 del Reglamento de la Comisión, la Comisionada Luz Patricia Mejía Guerrero, de nacionalidad venezolana, no participó en el debate ni en la decisión del presente caso;

en el contexto de los hechos ocurridos entre el 11 y el 13 de abril de 2002.

2. El 8 de septiembre de 2009 la Comisión declaró admisible el reclamo sobre la presunta violación de los derechos protegidos en los artículos 2, 8, 13 y 25 de la Convención Americana sobre Derechos Humanos (en adelante "la Convención Americana" o "la Convención") en relación con las obligaciones establecidas en su artículo 1.1.

3. En la etapa de fondo, los peticionarios alegaron que el Estado es responsable por la violación de los artículos 2, 8, 13 y 25 de la Convención en relación con las obligaciones establecidas en su artículo 1.1, en perjuicio de Allan R, Brewer Carías, Por su parte, el Estado, sostuvo que no es responsable por las violaciones alegadas dado que Allan Brewer Carías sé encuentra prófugo, razón por la cual no se puede continuar con el proceso penal en el que podría interponer recursos internos en defensa de sus derechos.

4. Tras analizar los fundamentos de hecho y de derecho presentados por las partes, la Comisión concluye que el Estado es responsable por la violación de los artículos 8 y 25 de la Convención Americana, en relación con las obligaciones establecidas en sus artículos 1.1 y 2, en perjuicio de Allan R. Brewer Carías y que no es responsable por la violación del artículo 13 del mismo instrumento.

II. TRÁMITE ANTE LA COMISIÓN POSTERIOR AL INFORME DE ADMISIBILIDAD N° 97/09

5. Tras completar el trámite de admisibilidad de la petición N° 84/07 la Comisión declaró la petición admisible mediante la adopción del Informe 97/09[3] Seguidamente, de conformidad con lo previsto en el artículo 37.2 de su Reglamento vigente, procedió a registrar la petición bajo el número de caso 12.724. El Informe 97/09 fue notificado a ambas partes mediante comunicación de fecha 25 de septiembre de 2009. En esa oportunidad, la Comisión solicitó a los

---

[3]   CIDH, Informe N° 97/09, Petición 84-07, Admisibilidad, Allan R. Brewer Carías, Venezuela, 8 de septiembre de 2009

peticionarios que presentaran sus alegatos sobre el fondo del asunto, dentro del plazo de dos meses establecido en el artículo 38.1 de su Reglamento vigente, y ofreció sus buenos oficios para una posible solución amistosa.

6. El 23 de octubre de 2009 los peticionarios manifestaron su disposición a aceptar el ofrecimiento de la Comisión respecto del procedimiento de solución amistosa, escrito que fue trasladado al Estado con un mes de plazo para sus observaciones el 28 de octubre de 2009, El 17 y 30 de noviembre de 2009 el Estado y los peticionarios, respectivamente, presentaron sus alegatos sobre el fondo, El Estado no se pronunció sobre el procedimiento de solución amistosa. El 8 de diciembre siguiente el escrito de los peticionarios fue trasladado al Estado para la presentación de sus observaciones dentro de un plazo de dos meses. El 17 de febrero de 2010 el Estado presentó observaciones adicionales, Los escritos estatales de 17 de noviembre de 2009 y 17 de febrero de 2010 fueron trasladados a los peticionarlos el 19 de febrero de 2010 para sus observaciones. Asimismo, el 19 de febrero la CIDH trasladó, para las observaciones del Estado, un escrito presentado por los peticionarios el 18 de febrero de 2010.

7. El 8 de abril de 2010 los peticionarios presentaron observaciones adicionales, las que fueron trasladadas al Estado para su conocimiento el 9 de abril de 2010. El 5 de mayo de 2011 los peticionarios enviaron información adicional, la cual fue trasladada al Estado para su conocimiento el 10 de mayo siguiente.

III. POSICIONES DE LAS PARTES SOBRE EL FONDO

A. *Posición de los peticionarios*

1. *Contexto*

8.   Los peticionarios alegan que entre diciembre de 2001 y abril de 2002 se produjo una intensa movilización social de protesta contra diversas políticas del Gobierno del Presidente Hugo Chávez Frías. Indican que el 11 de abril de 2002 los comandantes de la Fuerza Armada manifestaron desconocer la autoridad del Presidente

de la República, y al día siguiente el General Lucas Rincón informó a la población que se solicitó al Presidente de la República la renuncia a su cargo, la cual aceptó.

9. Los peticionarios alegan que en la madrugada del 12 de abril de 2002 Pedro Carmona Estanga, uno de los líderes de las protestas civiles, se comunicó con Allan Brewer Carías[4] y envió un vehículo para que lo recogiera en su residencia. Indican que Brewer Carías fue llevado al "Fuerte Tiuna", sede del Ministerio de Defensa y de la Comandancia General del Ejército. Indican que allí fue recibido por dos abogados que le mostraron un borrador del decreto, más tarde conocido como el "Decreto Carmona", mediante el cual se ordenaba la disolución de los poderes públicos-y el establecimiento de un "gobierno de transición democrática".

10. Sostienen que hacia el mediodía Allan Brewer Carías se trasladó al Palacio de Miraflores para manifestar personalmente a Carmona Estanga su rechazo al documento por apartarse del constitucionalismo y violar la Carta Democrática Interamericana, indican que, sin embargo, debió hacerlo por teléfono. Ese mismo día, Pedro Carmona Estanga habría anunciado la disolución de los poderes públicos y el establecimiento de un "gobierno de transición democrática", entre otras medidas. Señalan que el anuncio de "golpe contra la Constitución" provocó reacciones que condujeron a la reinstalación de Hugo Chávez en la Presidencia de la República, el 13 de abril de 2002.

11. Señalan que posteriormente, los medios de comunicación especularon sobre la presencia de Allan Brewer Carías durante la madrugada del 12 de abril de 2002 en "Fuerte Tiuna" y lo señalaron como autor intelectual o redactor del llamado "Decreto Carmona".

---

[4]   Los peticionarios señalan que Allan Brewer Carías es un jurista de conocida trayectoria en el derecho constitucional, la defensa de la democracia, el Estado de Derecho, los derechos humanos y que había manifestado fuertes críticas frente a una serie de decisiones adoptadas mediante decretos del Poder Ejecutivo en Venezuela.

Indican que dichas especulaciones fueron desmentidas públicamente por Allan Brewer Carías[5].

12. Manifiestan que la Asamblea Nacional designó una "Comisión Parlamentaria Especial para investigar los sucesos de abril de 2002". En su informe de agosto de 2002 esta Comisión Especial habría exhortado al Poder Ciudadano a investigar y determinar las responsabilidades de ciudadanos "quienes, sin estar investidos de funciones púbicas, actuaron en forma activa y concordada en la conspiración y golpe de Estado", La lista de ciudadanos a ser investigados incluiría a Allan Brewer Carías "por estar demostrada su participación en la planificación y ejecución del Golpe de Estado".

2. *Hechos alegados en relación con el proceso judicial*

13. Los peticionarios alegan que entre el 2002 y el 2005 al menos cuatro fiscales provisorios investigaron los hechos que rodearon la redacción del "Decreto Carmona", entre otros hechos relacionados con los eventos que se produjeran entre el 11 y el 13 de abril de 2002. Señalan que, en primer término, la investigación estuvo a cargo del Fiscal provisorio José Benigno Rojas, quien no formuló imputaciones. Indican que éste fue sustituido por el Fiscal provisorio Danilo Anderson quien tampoco formuló imputaciones y ulteriormente fue asesinado en noviembre de 2004. Subsiguientemente, Luisa Ortega Díaz, Fiscal Provisoria Sexta del Ministerio Público a

---

[5]   Los peticionarios manifiestan que así lo hizo en las siguientes ruedas de prensa: Allan Brewer Carías responde a las acusaciones: *No redacté el decreto de Carmona Estanga* reseña por Ana Damelis Guzmán, *El Globo*, Caracas, 17/4/02, pág. 4. *El abogado desmiente haber redactado acta constitutiva de gobierno transitorio; Brewer Carías se desmarca de Pedro Carmona Estanga*, reseña por Feliz González Roa *Notitarde*, Valencia, 17/4/02, pág. 13. *Brewer Carías; no sé quién redactó el decreto Carmona*, reseña por Jaime Granda, *El Nuevo País*, 17/04/02, pág. 2. Allan R. Brewer Carías *En mi propia defensa. Respuesta preparada con la asistencia de mis defensores Rafael Odremán y León Henrique Cottin contra la infundada acusación fiscal por el supuesto delito de conspiración*, Editorial Jurídica Venezolana, Caracas, 2006, pág. 192, entre otros.

Nivel Nacional con Competencia Plena (en adelante también la "Fiscal Provisional Sexta")[6], asumió la investigación y formuló un número de imputaciones[7]. Alegan que, desde entonces, el patrón de conducta, tanto del Ministerio Público como de los jueces provisorios que han visto la causa, ha sido el de valorar los aspectos de la prueba que puedan contribuir a condenar a Allan Brewer Carías y descartar aquellos aspectos que comprueben su inocencia.

14. Los peticionarios alegan que durante la etapa investigativa, los defensores de Allan Brewer Carías no pudieron obtener copia de las actuaciones, sino que sólo se les permitió transcribir a mano, las distintas piezas del expediente. Alegan por lo tanto que se los privó de tiempo y condiciones razonables para su. defensa[8]. Sostienen que durante la revisión del expediente, Allan Brewer Carías encontró que los textos transcritos en el acta de imputación fiscal no se correspondían con el contenido de los videos considerados como prueba. En vista de lo anterior, se solicitó a la Fiscal provisoria la realización de una transcripción técnica especializada del contenido de todos los videos con entrevistas a periodistas, utilizados como elementos probatorios en la imputación fiscal. La solicitud fue denegada el 21 de abril de 2004 con fundamento en que "nada aportaría a la investigación".

15. Alegan asimismo que el 21 de abril de 2004 la Fiscal Sexta rechazó los testimonios de Nelson Mezerhane, Nelson Socorro, Yajaira Andueza, Guaicapuro Lameda y Leopoldo Baptista, ofrecidos por la defensa, con fundamento en que se trataba de testigos refe-

---

6   Alegan que a esta Fiscal, y a otros diez fiscales, se les habrían asignado todos los procesos sobre disidentes políticos. Actualmente Luisa Ortega Díaz se desempeñaría como Fiscal General de la República

7   Alegan que esta fiscal habría sido posteriormente sustituida por la Fiscal María Alejandra Pérez.

8   Los peticionarios señalan que actualmente el proceso se encuentra ante el Juzgado 25 de Control, ante el cual la defensa sí tiene acceso a los expedientes. Sin embargo, consideran que la falta de acceso en la fase investigativa fue un gravamen irreparable.

renciales cuyas declaraciones carecían de valor probatorio a la luz de la normativa vigente.

16. Indican que el 27 de enero de 2005 la Fiscal Provisoria Sexta formuló imputación fiscal contra Allan Brewer Carías por el delito de conspiración para cambiar violentamente la Constitución mediante la redacción del Decreto Carmona. Alegan que ésta se basó en la denuncia del Coronel del Ejército en servicio Ángel Bellorín que indicaba como un hecho notorio comunicacional reiterado y por todos conocido a través de los diversos medios de comunicación que Allan Brewer Carías, conocido como experto en materia constitucional, sería uno de los autores de dicho decreto.

17. Manifiestan que el proceso en el cual está Incluida la causa contra Allan Brewer Carías fue asignado inicialmente a Josefina Gómez Sosa, Jueza Temporal Vigésimo Quinta de Control {en adelante "Jueza Temporal Vigésimo Quinta"). A solicitud de la Fiscal Sexta, la Jueza Temporal Vigésimo Quinta decretó la prohibición de salida del país de varios ciudadanos investigados por su presunta participación en los hechos. Dicha orden fue apelada ante la Sala Diez de la Corte de Apelaciones. El 31 de enero de 2005 la Sala de Apelaciones dictó la revocatoria de la orden de prohibición de salida del país, El 3 de febrero de 2005 la Comisión Judicial del Tribunal Supremo de Justicia suspendió de su cargo a los jueces de la Corte de Apelaciones que votaron por la nulidad de la decisión apelada, así como a la Jueza Temporal Josefina Gómez Sosa, por no haber motivado suficientemente la orden de prohibición de salida del país. La Jueza Gómez Sosa fue sustituida por el Juez de Control Manuel Bognanno, también .temporal. Alegan que éste fue suspendido de su cargo el 29 de junio de 2005 tras oficiar, el 27 de junio de 2005, al Fiscal Superior sobre alegadas irregularidades en la investigación conducida por la Fiscal Provisional Sexta.

18. Los peticionarios señalan que el 4 de mayo de 2005 la defensa solicitó al Juez Temporal Vigésimo Quinto la exhibición de todos los videos, la admisión de los testimonios' ofrecidos y el acceso a las copias del expediente. En respuesta el juez ordenó a la Fiscal Provisional Sexta permitir a la defensa el acceso total al expe-

diente y los videos que guardaren en relación con la causa. Sin embargo, decidió que no le correspondía pronunciarse sobre la pertinencia de los testimonios ofrecidos por la defensa. El 16 de mayo de 2005 la defensa apeló ante la Corte de Apelaciones la decisión del Juez Temporal Vigésimo Quinto de no pronunciarse sobre la pertinencia de los testimonios ofrecidos.

19. Asimismo, indican que la defensa promovió la consideración de la ficha migratoria de Allan Brewer Carías como prueba para demostrar que durante las semanas que precedieron al 12 de abril de 2002 éste se encontraba fuera del país, por lo que no pudo haber conspirado para cambiar violentamente la Constitución. Indican que el 9 de mayo de 2005 la Fiscal Provisoria Sexta rechazó la prueba por considerarla innecesaria.

20. Señalan que el 30 de mayo de 2005 la Fiscalía Sexta solicitó la declaratoria de nulidad de la decisión del Juez Temporal Vigésimo Quinto de otorgar acceso total al expediente, con fundamento en que el escrito presentado por la defensa no le había sido notificado, por lo cual no había tenido la oportunidad de defenderse. El 6 de julio de 2005 la Corte de Apelaciones declaró nula la decisión del Juez Temporal Vigésimo Quinto de no pronunciarse sobre la pertinencia de los testimonios ofrecidos y ordenó que otro juez de control se pronunciara respecto del escrito de la defensa. El 10 de agosto de 2005 la defensa presentó un escrito ante el Juez Temporal Vigésimo Quinto insistiendo en la admisión de los testimonios ofrecidos y en el cumplimiento de la decisión de la Corte de Apelaciones.

21. Agregan que el 30 de septiembre de 2005 la defensa presentó un escrito de promoción de prueba anticipada de declaración de Pedro Carmona Estanga ante el Juez Temporal Vigésimo Quinto. El 20 de octubre de 2005 la solicitud fue declarada improcedente con fundamento en que Pedro Carmona Estanga también se encontraba imputado en la causa por lo que su declaración no tendría valor probatorio, indican que: promovieron por segunda vez la declaración de Pedro Carmona; que ésta fue denegada por el mismo juez; que presentaron recusación en su contra por haber emitido opinión

nuevamente sobre la misma cuestión; y que la recusación fue denegada con fundamento en que el juez no había emitido pronunciamiento sobre la culpabilidad o inocencia de Allan Brewer Carías. Señalan que finalmente presentaron la declaración de Pedro Carmona por escrito y que ésta habría sido "ignorada" por el juez. Asimismo, sostienen que se citó un párrafo del libro de Pedro Carmona Estanga en la acusación de Allan Brewer Carías sin tomar en cuenta otro párrafo del mismo libro en el que Pedro Carmona señala que nunca le había atribuido la autoría del Decreto en cuestión.

22. Señalan que por decisión discrecional y arbitrarla de la Fiscal Provisoria Sexta, no se permitió a la defensa de Allan Brewer Carías estar presente en el interrogatorio de los testigos llamados a declarar ante ella. Indican que en algunos casos la Fiscal admitió preguntas por escrito, pero que no fue posible presentarlas en el caso de testigos sobrevenidos en el curso de la investigación que declararon en secreto. Específicamente señalan que el 5 de octubre de 2005 se recibió el testimonio del General Lucas Rincón, sin que la defensa hubiere sido convocada o notificada.

23. Alegan que no se tomó en cuenta el testimonio ofrecido por el periodista y político. Jorge Olavarría en sustento de la inocencia de Allan Brewer Carías y que por el contrario éste fue considerado para fundamentar su acusación. Manifiestan que el 21 de octubre de 2005 la Fiscal Provisional Sexta formalizó la acusación contra Allan Brewer Carías y el proceso pasó a etapa intermedia. Dicha decisión fue apelada por la defensa ante la Corte de Apelaciones el 28 de octubre de 2005. La apelación fue denegada el 1º de diciembre de 2005. Agregan que el 8 de noviembre de 2005 la defensa interpuso una acción de nulidad de todo lo actuado con fundamentó en violaciones a las garantías judiciales, que dicha solicitud aún no ha sido resuelta y que el proceso se encuentra en fase intermedia.

24. Los peticionarios indican que Brewer Carías participó en el proceso de manera presencial hasta el 28 de septiembre de 2005, fecha en la cual se ausentó de Venezuela. Señalan que el 26 de octubre de 2005 la defensa de Allan Brewer Carías solicitó al Juez Temporal Vigésimo Quinto que se garantizara su derecho a ser juz-

gado en libertad[9] y la declaratoria anticipada de la improcedencia de su privación de libertad durante el juicio, por tratarse de una persona no peligrosa, laboral y académicamente activa, con residencia y arraigo en el país, indican que el Juez nunca se pronunció sobre esta solicitud.

25. Sostienen que, el 10 de mayo de 2006 la defensa informó al Juez Temporal Vigésimo Quinto que Allan Brewer Carías había aceptado la designación como profesor adjunto en la Facultad de Derecho de la Universidad de Columbia en los EEUU y solicitaron que continuara el proceso. Indican que -a pesar de saber que el imputado se encontraba fuera del país- el 2 de junio de 2006 la Fiscal Provisoria Sexta solicitó al Juez el dictado de medida privativa de libertad contra Allan Brewer Carías por peligro de fuga, En respuesta, el 15 de junio de 2006 el Juez Provisorio de Control ordenó medida privativa de libertad, la cual no ha sido ejecutada dado que a la fecha Allan Brewer Carías permanece en el extranjero.

26. Los peticionarios indican que el 12 de julio de 2006 la Fiscal Sexta cursó una solicitud de cooperación a la INTERPOL para la búsqueda y localización de Allan Brewer Carías, con miras a su detención preventiva y a su posible extradición. Asimismo, el 11 de julio de 2006, el Embajador de Venezuela en República Dominicana dirigió una comunicación a la INTERPOL, solicitando la captura de Allan Brewer Carías con motivo de una invitación para dictar una conferencia en ese país. Asimismo, dicho agente diplomático lo

---

9   Señalan que el artículo 44 (1) de la Constitución de Venezuela establece que toda persona "será juzgada en libertad", que el artículo 102 del Código Orgánico Procesal Penal (COPP) establece que: "se evitará, en forma especial, solicitar privación preventiva de libertad del imputado cuando ella no sea absolutamente necesaria para asegurar las finalidades del proceso" y que su artículo 125(12) establece que es un derecho del imputado "[n]o ser juzgado en ausencia, salvo lo dispuesto en la Constitución de la República", Los peticionarios Indican que "la posibilidad de enjuiciamiento en ausencia en delitos contra la cosa pública fue eliminada de la Constitución de la República Bolivariana de Venezuela de 1999 y por ello la frase 'salvo lo dispuesto en la Constitución de la República' ya no tiene relevancia".

habría denunciado ante los medios de comunicación de la República Dominicana como un "conspirador", Indican que en respuesta a estos requerimientos, la INTERPOL solicitó información a los tribunales sobre el carácter del delito imputado a Brewer Carías como de derecho común. Señalan que mediante aclaratoria de 17 de septiembre de 2007 el Tribunal de Primera Instancia en Función de Control del Circuito Judicial del Área Metropolitana de Caracas respondió que Allan Brewer Carías sería el autor intelectual de un atentado frustrado en contra del Presidente de la República, por lo que quedaba desvirtuada la naturaleza de delito político de la imputación. Indican que la defensa apeló y solicitó que dicha aclaratoria fuera anulada, pero que dicha apelación fue desestimada el 29 de octubre de 2007.

27.   Asimismo, señalan que con ocasión de una invitación cursada a Allan Brewer Carías para dictar una conferencia en el Instituto Interamericano de Derechos Humanos (IIDH) la Embajadora de Venezuela en Costa Rica dirigió una carta a la Presidenta del IIDH refiriéndose a Allan Brewer Carías como alguien que "según se conoce, participó como autor material e intelectual e instruyó para su corrección en la redacción del decreto, mediante el cual se abolieron los poderes constituidos de la República Bolivariana de Venezuela" y que por eso "huyó del país". Indican que también se requirieron órdenes de captura a la INTERPOL con motivo de dos invitaciones cursadas a Allan Brewer Carías para dictar conferencias en Perú y España, y que éste decidió no asistir, por razones de segundad.

28.   El 11 de enero de 2008 los representantes de Allan Brewer Carías interpusieron ante el Juez Vigésimo Quinto de Control una solicitud de sobreseimiento con base en el Decreto 5790 con Rango, Valor y Fuerza de Ley Especial de Amnistía, dictado el 31 de diciembre de 2007 por el Presidente Hugo Chávez. Dicha norma, dirigida a "todas aquellas personas que enfrentadas al orden general establecido, y que a la presente fecha se encuentren a derecho y se hayan sometido a los procesos penales, que hayan sido procesadas y condenadas", incluye entre las conductas sujetas a amnistía "la re-

dacción del Decreto del Gobierno de facto del (12) de abril de 2002". La solicitud fue denegada el 25 de enero de 2008 con base en que Allan Brewer Carías no había comparecido en el proceso. Los peticionarios indican que dicha decisión fue apelada ante la Sala Quinta de la Corte de Apelaciones del Circuito Penal del Área Metropolitana de Caracas y denegada el 3 de abril de 2008.

3. *Alegatos sobre la violación de la Convención Americana*

29. Los peticionarios alegan que el Estado es responsable por la violación de los derechos establecidos en los artículos 8.1, 8,2, 13, 25, 1,1 y 2 de la Convención Americana en perjuicio de Allan Brewer Carías.

30. Con relación al derecho a ser oído por un juez o tribunal competente, independiente e imparcial establecido en el artículo 8.1 de la Convención Americana, los peticionarios alegan que los fiscales y jueces que han actuado en la imputación y acusación de Brewer Carías son funcionarlos provisorios, y que han sido sustituidos toda vez que sus decisiones no fueran "del agrado de los perseguidores". Sostienen que la provisionalidad de jueces y fiscales vulnera la garantía de independencia e imparcialidad del artículo 8 de la Convención Americana en tanto dichos funcionarios no gozan de estabilidad en el cargo y pueden ser removidos o suspendidos libremente.

31. Alegan que el sistema judicial venezolano está sujeto a una relación de dependencia crónica como consecuencia de la provisionalidad endémica de jueces y fiscales. Al respecto, realizan un análisis pormenorizado de la situación de provisionalidad de los jueces en Venezuela desde agosto de 1999 con la implementación del proceso de reestructuración del Poder Judicial inicialmente a cargo de Emergencia Judicial, luego a cargo de otra Comisión de Reestructuración del Poder Judicial, que actualmente continúa a cargo de la Dirección Ejecutiva de la Magistratura. Alegan que este proceso indefinido de "reestructuración perpetua" tiene como contenido principal la provisionalidad de los nombramientos de los cargos judiciales, el abandono del ingreso por concurso pautado de la

Constitución y la total inestabilidad de los jueces que terminan siendo de libre designación y remoción por la Comisión de turno. Alegan que también existe una situación de provisionalidad similar en cuanto a los fiscales.

32. En cuanto a la afectación de esta alegada situación de falta de estabilidad e independencia de los jueces y fiscales en el proceso judicial seguido contra Allan Brewer Carías sostienen que dicho proceso de reestructuración con libre nombramiento y remoción de jueces y fiscales se instaló antes de que se iniciara el proceso penal seguido contra Allan Brewer Carías y se mantiene hasta ahora. Asimismo, se destituyó a dos jueces de primera instancia y dos miembros de la Corte de Apelaciones con ocasión o inmediatamente después de haber adoptado decisiones que podían considerarse favorables a Allan Brewer Carías, Sostienen que, dichas destituciones fueron decididas discrecionalmente,- sin debido proceso para los afectados y sin que se conozcan, al menos .en el caso del Juez Bognanno, las causas formales que pudieron servir de pretexto para su destitución. Alegan que la inestabilidad unida' al sesgo manifiestamente político que en todo momento caracterizó a la Fiscal Provisional Sexta ha sido un factor que se ha traducido en manifiestas lesiones procesales y en la indefensión de Allan Brewer Carías. Asimismo, alegan que este cuadro tiene .un "efecto demostración" dado el contraste entre el castigo a jueces provisorios complacientes con los procesados en esta causa y el premio a la lealtad política de la Fiscal Provisional Sexta, quien poco después de iniciar las múltiples imputaciones en procesos penales de implicancias políticas, fue ascendida a Directora General de Actuación Procesal del Ministerio Público y actualmente ostenta el cargo de Fiscal General de la República.

33. Con relación al derecho de toda persona inculpada de delito a que se presuma su inocencia mientras no se establezca legalmente su culpabilidad, establecido en el artículo 8.2 de la Convención Americana, los peticionarios alegan que se abrió un proceso contra Allan Brewer Carías con base en un "hecho notorio comunicacional", a pesar de que éste desmintiera las informaciones de prensa.

Los peticionarios alegan que en la jurisprudencia de la Sala Constitucional del Tribunal Supremo de Justicia de Venezuela, "un hecho notorio comunicacional" sólo se configura cuando existen noticias difundidas por medios de comunicación que no han sido desmentidas, Alegan asimismo que la Fiscalía invirtió la carga de la prueba al exigir que la defensa desvirtuara la imputación por ella formulada contra Allan Brewer Carías[10].

34. Asimismo alegan que las solicitudes de captura cursadas a INTERPOL fueron manifiestamente inconducentes y abusivas, dado que el delito imputado a Allan Brewer Carías es un típico delito político puro y el artículo 3 del Estatuto de INTERPOL le prohíbe "toda actividad o intervención en asuntos de carácter político, militar, religioso o racial". Consideran que la determinación por parte de los tribunales internos de que la conducta imputada a Brewer Carías constituye un delito común "es una maniobra arbitraria que cambia la calificación jurídica del delito imputado" y configura violaciones al debido proceso. También indican que las solicitudes de captura vulneran el principio de presunción de inocencia.

---

[10] Al respecto, indican que la Fiscal Provisoria Sexta puso en evidencia que según su criterio corresponde al imputado desvirtuar la imputación al manifestar -en el proceso seguido contra otra persona imputada en la misma causa- ante el Juez Vigésimo de Control que "[e]n criterio del Ministerio Público la imputación hecha al ciudadano [..,] cumple con los requisitos de ley, por lo que en todo caso corresponde a la defensa del mismo desvirtuar ¿Porqué (sic) se supone que no conspiró? ¿Las razones por las cuales acompañó al ciudadano Allana (sic) Brewer Carías el día de los hechos? ¿Cuáles fueron sus objeciones y oposiciones a la redacción al decreto [...]? La falta de respuesta y pruebas para desvirtuar las sospechas ' fundadas que tiene el Ministerio Público, acerca de su participación en la redacción del decreto, son las razones por las cuales se considera innecesario hacer una ampliación de la imputación, por cuanto a criterio del Ministerio Público no han demostrado que no participó [...]". Los peticionarios citan el escrito de la Fiscal Provisoria Sexta de Control del 3 de junio de 2005. Anexo 18 a la petición original recibida el 24 de enero de 2007.

35. Adicionalmente, alegan que entes tales como la Asamblea Nacional, el Tribunal Supremo de Justicia, el Fiscal General de la República, así como miembros del cuerpo diplomático, se manifestaron públicamente sobre el alcance de las conductas imputadas a Brewer Carías y su presunta culpabilidad.

36. En cuanto a la Asamblea Nacional, alegan que el informe de la "Comisión Parlamentaria Especial para investigar los sucesos de abril de 2002" da por demostrada la participación de Allan Brewer Carías en conductas de las que no pudo defenderse. En el caso del Tribunal Supremo de Justicia, alegan que éste habría adelantado opinión al indicar por escrito que "numerosos testimonios que son de conocimiento público señalan al doctor Allan Brewer-Carías como uno de los autores del decreto en alusión". Alegan que el Fiscal General de la República también adelantó opinión sobre la culpabilidad de Allan Brewer Carías en su libro "Abril Comienza en Octubre" en el que asume como verdaderas aseveraciones periodísticas que estaban bajo investigación de su despacho y que nunca fueron ratificadas con testimonios ni corroboradas. Por último alegan que miembros del cuerpo diplomático públicamente se refirieron a Allan Brewer Carías como "conspirador" y "autor del Decreto del 12 de abril", conductas que se le imputan, sin pruebas ni condena judicial.

37. Con relación al derecho del inculpado a contar con el tiempo y los medios adecuados para la preparación de su defensa, establecido en el artículo 8.2.c) de la Convención Americana, los peticionarios alegan que durante la etapa investigativa, los defensores de Allan Brewer Carías no pudieron obtener copia de las actuaciones, sino que sólo se les permitió transcribir a mano y por si mismos, las distintas piezas del expediente, que sumaron miles de páginas en XXVII piezas.' indican que dicha negativa a expedir copias constituye una obstaculización a la defensa, sin ninguna base razonable, y privó a Allan Brewer Carías y a sus abogados de tiempo y de condiciones razonables para preparar su defensa, Alegan que el derecho a contar con las facilidades necesarias para la defensa es un elemento

primordial del debido proceso, del cual Allan Brewer Carías se vio privado.

38. Con relación al derecho de la defensa de interrogar a los testigos y obtener la comparecencia de testigos o peritos que puedan arrojar luz sobre los hechos, establecido en el artículo 8,2.f) de la Convención Americana, los peticionarios alegan que no se permitió a la defensa de Allan Brewer Carías estar presente en el interrogatorio de los testigos llamados a declarar por la Fiscal Sexta, Al respecto, sostienen que a la defensa le fueron arbitrariamente rechazadas solicitudes para producir medios de prueba o elementos de convicción para hacer valer los derechos de Allan Brewer Carías. Indican que en algunos casos la Fiscal admitió preguntas por escrito, pero que no fue posible presentarlas en el caso de testigos sobrevenidos en el curso de la investigación que "declararon en secreto". Específicamente señalan que el 5 de octubre de 2005 se recibió el testimonio del General Lucas Rincón, sin que la 'defensa hubiere sido convocada o notificada. Asimismo, alegan que los diez periodistas que difundieron los "hechos notorios comunicacionales" que sirvieron de base a la imputación no fueron llamados a ratificar sus aseveraciones. Señalan que al ser llamados por la defensa de Allan Brewer Carías, manifestaron no haber sido testigos de los hechos, por lo que los peticionarios consideran improcedente las pruebas referenciales que sirvieron de base para la imputación de Allan Brewer Carías.

39. En cuanto a la comparecencia de testigos ofrecidos por la defensa, alegan que el 21 de abril de 2004 la Fiscal Sexta rechazó los testimonios de Nelson Mezerhane, Nelson Socorro, Yajaira Andueza, Guaicaipuro Lameda y Leopoldo Baptista, con fundamento en que se trataba de testigos referenciales cuyas declaraciones carecían de valor probatorio a la luz de la normativa vigente. Asimismo, alegan que se les denegó la promoción anticipada de la declaración de Pedro Carmona Estanga y que habiendo sido presentada por escrito, habría sido "Ignorada".

40. En relación al alegato del Estado sobre la presentación de prueba y oportunidad de controvertir en la etapa de juicio, frente a

los elementos de convicción en la investigación, los peticionarios alegan que el Estado niega al imputado garantías judiciales prescitas en el artículo 8 de la Convención Americana durante la etapa de investigación, lo cual explica y comprueba que Allan Brewer Carías "ha sido víctima de una violación masiva del derecho a un proceso regular". Alegan que quizá "para el Estado basta la convicción caprichosa de un o una Fiscal para acusar arbitrariamente, sin aplicar otros medios de prueba que los que le dicta su capricho y sin permitir al afectado controlar y contradecir las pruebas sobre las que dice fundar su convicción".

41. Alegan que en el Código Orgánico de Procedimiento Penal (en adelante "COPP") no hay nada que impida al procesado hacer valer todas las garantías judiciales. Sostienen que su artículo 125 enuncia los derechos del imputado, entre los cuales está "pedir al Ministerio Público la práctica de diligencias de investigación destinadas a desvirtuar las imputaciones que se le formulen y pedir que se declare anticipadamente la improcedencia de la privación de libertad, tal como fue solicitado el 26 de octubre de 2005 y no fue decidido por el Juez de Control. Alegan que el imputado tiene derecho a que la investigación concluya exculpándolo, mediante un acto conclusivo que proponga el sobreseimiento de su causa (COPP arts. 315-320), y aún en el caso de que el acto conclusivo fuera una acusación fiscal, el imputado tiene derecho a que en la audiencia preliminar del Juez de Control dicte sobreseimiento. Alegan que las garantías Judiciales establecidas en el artículo 8 de la Convención Americana se aplican en todo proceso y en todas sus etapas[11].

42. Adicionalmente, en el acto de imputación la Fiscal Provisoria utilizó como supuestos elementos de convicción en contra de Allan Brewer Carías, una serie de videos que, según la opinión fiscal, contenían declaraciones de periodistas y entrevistados que lo incriminaban. Alegan que Allan Brewer Carías solicitó en diversas

---

[11]   En sustento de su argumento citan: Corte I.D.H. Caso *Claude Reyes y otros vs. Chile*, Sentencia de 19 de septiembre de 2006. Serie C, N° 151, párr. 116.

oportunidades la exhibición de los vídeos correspondientes, y sólo le fue mostrado el contenido de algunos de ellos. En fechas posteriores, los defensores de Allan Brewer Carías solicitaron la exhibición del contenido de tales videos obteniendo en diversas ocasiones respuestas negativas, porque supuestamente las cintas no habían sido encontradas, o porque ante la gran cantidad de imputados existente en la investigación, se hacía difícil encontrar una oportunidad adecuada, o porque en ese momento el Despacho tenía otras ocupaciones. Seguidamente, se procedió a solicitar la práctica de una diligencia consistente en ordenar que técnicos lleven a cabo la transcripción íntegra de todos los-videos que cursaban en el expediente con entrevistas a periodistas que pretendieran ser considerados, como supuestos elementos probatorios de la imputación fiscal, la cual fue denegada mediante auto de 21 de abril de 2005.

43. Los peticionarios señalan que desde que se dictó la Ley Especial de Amnistía, Allan Brewer Carías, debió dejar de ser procesado dado que el Decreto-Ley de Amnistía suprimió el delito. Adicionalmente, alegan que la denegatoria de la solicitud de sobreseimiento con base en el Decreto 5790 con Rango, Valor y Fuerza de Ley Especial de Amnistía careció de motivación, lo cual vulneró los artículos 8 y 1 de la Convención Americana y contiene, en sí misma, un principio discriminatorio, al restringir su aplicación a quienes se encuentren á derecho y se hayan sometido a los procesos penales y se aplicó a personas que se encontraban en el mismo supuesto de Allan Brewer Carías, es decir, con medida de privación de libertad y orden de aprehensión por hechos relacionados con el golpe de Estado de 2002.

44. Con relación al derecho a la libertad de expresión, establecido en el artículo 13 de la Convención Americana, los peticionarios alegan que a causa de la abierta disidencia de Allan Brewer Carías a las políticas del Gobierno, algunos periodistas presumieron que se encontraba vinculado a la conformación del llamado "gobierno de transición". Alegan que el Gobierno y sus instituciones han utilizado la mera presencia de Allan Brewer Carías en el "Fuerte Tiuna" en la víspera de la emisión del Decreto Carmona como pretexto

para acallar i a voz de un opositor importante, acusándolo de golpista. En este sentido, consideran que el proceso penal seguido en contra de Allan Brewer Carías configura una violación de su derecho a la libertad de expresión, establecido en el artículo 13 de la Convención Americana,

45. Con relación al derecho a la protección judicial establecido en el artículo 25 de la Convención Americana, los peticionarios alegan que en Venezuela .no existen recursos judiciales efectivos para la protección de los derechos de Allan Brewer Carías. Al respecto, indican que Allan Brewer Carías acudió repetidamente al Juez Provisorio de Control y al Tribunal de Apelaciones a fin de que se restablecieran sus derechos en el curso de proceso. Alegan que en respuesta los tribunales sostuvieron que carecían dé atributos legales para proteger sus derechos, que los planteamientos eran inoportunos o que no podían interferir con la autonomía de la Fiscalía en la dirección de la investigación.

46. Así, alegan que Allan Brewer Carías y sus abogados comparecieron reiteradamente ante el despacho de la Fiscal Provisoria Sexta durante la fase de investigación. Sostienen que Allan Brewer Carías acudió casi a diario a ese despacho durante nueve meses, así fuera tan solo para copiar a mano las actuaciones cuya copia se le negó sistemáticamente, Pero alegan que esa comparecencia se reveló inútil, pues la Fiscal provisoria nada hizo para rectificar las irregularidades que se le hacían presentes en la formación del expediente y rechazaba arbitrariamente las solicitudes de la defensa y las pruebas que se, promovían ante ella.

47. Adicionalmente, alegan que en el presente caso, las actuaciones del Estado ponen también de manifiesto la Inexistencia de un recurso judicial efectivo para proteger a Allan Brewer Carías de las violaciones a sus derechos humanos, en particular en presencia de un sistema judicial y un Ministerio Público carentes de toda Independencia.

48. Indican que Allan Brewer Carías acudió repetidamente al juez provisorio de Control y al Tribunal de Apelaciones para solici-

tar que se restablecieran sus derechos. El juez provisorio de control Bognanno decidió que carecía de atributos legales para ese fin y que no podía interferir, dado que la Fiscal provisoria es "autónoma" en la dirección de la investigación. Los peticionarios alegan que en vista de lo anterior el único recurso judicial disponible contra la violación del derecho àl debido proceso garantizado por la Constitución y la Convención, era y es el de nulidad absoluta por inconstitucionalidad de las actuaciones judiciales así viciadas, con base en el artículo 191 del COPP:

> *Artículo 191*, Nulidades absolutas, Serán consideradas nulidades absolutas .aquellas concernientes a la intervención, asistencia y representación del imputado, en los casos y formas que este Código establezca, o las que impliquen inobservancia o violación de derechos y garantías fundamentales previstos en este Código, la Constitución de le República, las leyes y los tratados, convenios o acuerdos internacionales suscritos por la República.

49. Así, indican que en el escrito de contestación y oposición a la acusación, de 8 de noviembre de 2005, se solicitó al juez la declaratoria de nulidad de todo lo actuado a causa de dichas violaciones, concluyendo con la siguiente solicitud:

> En razón de las consideraciones anteriores solicitamos respetuosamente se decrete la nulidad absoluta de todas las actuaciones que conforman el presente proceso, por la violación sistemática y masiva de los derechos y garantías constitucionales del Dr. Allan Brewer Carías, como ha quedado, reflejado a lo largo del presente capítulo, ordenando la devolución del expediente a la Fiscalía Superior del Área Metropolitana de Caracas para que designe un Fiscal imparcial que inicie las Investigaciones que considere pertinentes, respetando las garantías constitucionales de los investigados.

50. Sostienen que el COPP no dispone explícitamente un lapso para decidir sobre una solicitud de nulidad por "violación de derechos y garantías fundamentales", como lo fue la demandada por la

defensa de Allan Brewer Carías. Por tal razón, semejante solicitud
debería ser tramitada conforme a la disposición general contenida
en el artículo 177 del mismo COPP, para las actuaciones escritas
que no tengan fijado otro plazo:

> *Artículo 177.* Plazos para decidir. El juez dictará las
> decisiones de mero trámite en el acto. Los autos y las sentencias
> definitivas que sucedan a una audiencia oral serán pronunciados
> Inmediatamente después de concluida la audiencia. En las
> actuaciones escritas las decisiones se dictarán dentro de los tres
> días siguientes.

51. Conforme a esta regla, general y supletoria, la solicitud de
nulidad debió quedar decidida dentro de los tres días siguientes al B
de noviembre de 2005, lo cual no habría ocurrido hasta la fecha, es
decir, la decisión sobre nulidad exhibe más de cuatro años de retardo injustificado, lo cual alegan constituye una violación del artículo
25 de la Convención.

52. Consideran que en casos de persecución política, el derecho
internacional asiste a quien procura ponerse a salvo del Estado en
cuestión. Indican que éste es el fundamento último del asilo y del
refugio como instituciones jurídicas pero que también es una insti-
tución humanitaria de alcance más general. Alegan que el persegui-
do tiene derecho a no ser devuelto a sus perseguidores, al punto que
el derecho internacional impone al Estado que niega el refugio o
asilo el deber jurídico de no devolver a la víctima a la jurisdicción
del Estado que lo persigue, mediante la regla conocida como *non
refoulement.*

53. Asimismo, los peticionarios alegan que al Estado incumplió
su deber de adoptar las medidas necesarias, ya sean legislativas o de
otra índole, para hacer efectivos los derechos protegidos en la Convención, en violación de sus artículos 2 y 1.1. Indican que la legislación nacional no es adecuada en cuanto al nombramiento y permanencia en el cargo de los jueces y fiscales, para hacer efectivos
los derechos de Allan Brewer Carías y de todos los venezolanos a
ser oídos por un tribunal independiente e imparcial. Adicionalmen-

te, alegan que el artículo 2 de la Convención Americana obliga a los Estados Partes a regular el proceso penal de manera que las garantías judiciales estén vigentes a lo largo de todo el proceso, incluida la etapa de investigación, lo que implica adoptar todas las medidas para que lo establecido en la Convención sea efectivamente cumplido.

B. *Posición del Estado*

1. *Contexto*

54. A manera de contexto, el Estado cita las resoluciones adoptadas por el Consejo Permanente y la Asamblea General de la Organización de los Estados Americanos en las que se define a los hechos ocurridos entre el 12 y el 13 de abril de 2002 como una "grave alteración del orden constitucional" en Venezuela. Señala que el ingreso al poder de Pedro Carmona durante esos días no puede justificarse en un supuesto "vacío de poder" ya que la Constitución venezolana establece que el Vicepresidente Ejecutivo de la República es el suplente formal del Presidente de la República en las diferentes hipótesis de faltas absolutas o temporales contempladas en el artículo 233 y 234 de ese instrumento. Señala que en el supuesto que la Constitución no estableciera la forma como se suplen las faltas del Presidente, corresponde a la Sala Constitucional del Tribunal Supremo de Justicia determinar los procedimientos correspondientes

55. El Estado enfatiza que la Constitución no permite la "usurpación de las funciones" ni establece que un decreto de transición puede tornarse en un mecanismo para su derogación o para suplir la falta del Presidente de la República. Señala que el Decreto adoptado en el contexto de los hechos del 12 y el 13 de abril de 2002 pretendió facultar al Presidente de la Junta de Facto a reorganizar los "Poderes Públicos" sin indicar límites a la naturaleza de sus funciones, el ámbito de su aplicación y su tiempo de duración.

56. Indica que según surge de la petición, Allan Brewer Carías conoció de la existencia y contenido del mencionado decreto y se trasladó al Palacio de Miraflores para manifestar su opinión a Pedro

Carmona. Desestima la alegación de los peticionarios en el sentido que Allan Brewer Carías estaba en desacuerdo con el contenido de dicho decreto.

57. El Estado alega que a pesar de conocer su contenido, Allan Brewer Carías no repudió la adopción del decreto, como correspondía a cualquier defensor de la constitución y la democracia. El Estado indica que el artículo 333 de la propia Constitución establece que en caso de ser derogada por acto de fuerza u otros medios distintos a los previstos en ella, toda persona con autoridad o no, tendrá el deber de colaborar en el restablecimiento de su efectiva vigencia. Alega que a pesar de considerarse como "disidente de las políticas autoritarias", Allan Brewer Carías no denunció el establecimiento de un gobierno de facto que concentró todos los poderes en una sola persona, cambió el nombre de la República y disolvió todos los poderes públicos.

58. El Estado alega que quienes dirigieron el golpe utilizaron la Carta Democrática Interamericana como base y fundamento para promover un decreto inconstitucional y antidemocrático. Indica que la Carta Interamericana establece principios y mecanismos destinados a proteger la institucionalidad democrática de los Estados, no a quebrantar las constituciones. Alega que este abuso de las normas de la Carta Interamericana tampoco fue denunciado por el constitucionalista Allan Brewer Carías.

2. *Alegatos en relación con el proceso judicial*

59. En sus alegatos de fondo el Estado solicita a la Comisión que desestime, por falsos e infundados, los argumentos de los peticionarios relacionados con los artículos 2, 8, 13 y 25 de la Convención Americana en conexión con su artículo 1.1 y desea dejar "expresa constancia de la mala fe y temeridad de la acción intentada por la representación de la pretendida víctima, en contra del Estado Venezolano".

60. El Estado hace un recuento pormenorizado de todos los recursos, facultades y cargas de los peticionarios para hacer valer sus derechos como presentar nuevas pruebas, interrogar testigos, exper-

tos, peritos, la inmediación, la publicidad, la concertación, continuidad, oralidad, declarar todas las veces que considere oportuno o no declarar. Indica que el acusado puede negar, contradecir, argumentar los hechos y el derecho, replicar, contrarreplicar, recusar y hablar en todo momento con su defensor, sin que nada de ello implique la suspensión de la audiencia, es decir que tiene a disposición todos los derechos y garantías que pudieran llegar a lograr los objetivos que la defensa pretende.

61. El Estado cita el artículo 327 del COPP de 2005, que no establece obligaciones respecto a la ausencia del imputado en la audiencia preliminar y cita el COPP de 2009[12] que establece que si la audiencia preliminar se hubiere diferido por más de dos ocasiones por incomparecencia de los imputados, el proceso debe continuar con respecto de los demás imputados y el juez deberá realizar la audiencia con los comparecientes, separando de la causa a quien no compareció. De no realizarse la audiencia en el plazo establecido, las partes podrán intentar las acciones disciplinarías a que haya lugar contra aquél por cuya responsabilidad no se realizó dicha audiencia.

62. Asimismo, cita el artículo 328 del COPP de 2005 y 2009 donde se establece la posibilidad del Imputado de realizar una serie de actos procesales como oponer excepciones, solicitar revocación de la medida cautelar, solicitar la suspensión del proceso, entre otros. Al respecto, considera que los peticionarios tienen una serie de cargas pendientes que de ser utilizadas generarían acciones que pudieran ejercer para hacer valer sus derechos.

63. Alega que con todos los recursos que tienen a su disposición los peticionarios pretenden violar el carácter complementario del sistema interamericano de derechos humanos con un argumento vinculado a las excepciones al agotamiento de los recursos internos.

---

[12]   El Estado cita el COPP de 4 de septiembre de 2009, Escrito del Ministerio del Poder Popular para las Relaciones Exteriores AGEV/000530 del 17 de noviembre de 2009.

Indica que "no entiende si es una ignorancia supina o una mala fe llevada hasta sus últimas consecuencias".

a.   *Alegatos sobre la solicitud de nulidad de lo actuado*

64.   El Estado alega que resulta absurdo y malintencionado de los peticionarios "decir a la Comisión que la solicitud de nulidad de todo lo investigado y actuado se puede resolver sin la presencia del acusado, cuando dichas solicitudes se hicieron en un escrito de contestación de la acusación y dichas peticiones son la consecuencia lógica de la argumentación que realizó la defensa para rechazar en todas sus partes, tanto en los hechos como en el derecho, la actuación'". Al respecto, alega que si la defensa está contestando la acusación es porque están ejerciendo sus facultades y cargas contenidas en el artículo 328 del COPP[13] y le corresponderá al juez, en presencia de todas las partes y sin la ausencia del imputado, resolver sobre las peticiones de cada una de las mismas[14], como lo establece el

---

[13]   El Estado cita el COPP publicado en la *Gaceta Oficial de la República de Venezuela* N° 5.930 Extraordinario de 4 de septiembre de 2009. Escrito del Ministerio del Poder Popular para las Relacionas Exteriores AGEV/000530 del 17 de noviembre de 2009.

[14]   En sustento de su argumento el Estado cita; Sala Constitucional del Tribunal Supremo de Justicia Exp. N° 09- 0173 decisión de 19 de octubre de 2009: "[...] que la amenaza o violación de los derechos constitucionales alegados por el accionante, no es de posible realización por parte del Juez Cuarto de Control, toda vez que 'este solo podía pronunciarse sobre la solicitud del acusado en el acto de audiencia preliminar [...] el pronunciamiento requerido por el hoy accionante referido a la declaratoria de nulidad de la acusación fiscal, sólo puede realizarse en el acto de audiencia preliminar, acto que no ha sido realizado por la inasistencia del imputado [...] En relación a la falta de pronunciamiento sobre las solicitudes de '...acumulaciones, nulidades y despacho saneador...', a juicio de la Sala, éstas deben ser resueltas en la audiencia preliminar tal como lo dispone el artículo 330 del Código Orgánico Procesal Penal, motivo por el cual la supuesta amenaza o violación de los derechos constitucionales alegados por el accionante, no es de posible realización por parte del referido Juzgado Cuarto de Control [...,], toda vez que éste sólo podría pronunciarse sobre la solicitud del acusado en el acto de audiencia preliminar [...]".

artículo 330 del COPP[15]. Alega que dicha solicitud de nulidad está contenida en la respuesta a la acusación y no es una petición autónoma -como argumentan los peticionarios- que puede ser resuelta en ausencia del imputado, dado que no es sobre cuestiones incidentales que vulneran derechos sino que es una solicitud que toca el fondo y la esencia de la propia audiencia preliminar[16], lo cual debe ser resuelto en presencia de las partes para no vulnerar sus derechos.

65. El Estado sostiene que la Comisión comete el error de asimilar la contestación de la acusación del Ministerio Público y sus peticiones a un mal llamado recurso de nulidad, cuyo término no existe, ya que lo correcto es hablar de medios de impugnación y de nulidades establecidas en los artículos 190 y siguientes del COPP y que son las formas de controvertir por parte de los peticionarios pero que deben ser resueltas en la audiencia preliminar en presencia de las partes. Indica que si la Comisión habla de un recurso de nulidad,

---

(Subrayado del Estado), Escrito del Ministerio del Poder Popular para las Relaciones Exteriores AGEV/000530 del 17 de noviembre de 2009, págs. 44 y 45.

[15] El Estado cita el COPP publicado en la *Gaceta Oficial de la República de Venezuela* N° 5.930 Extraordinario de 4 de septiembre de 2009. Escrito del Ministerio del Poder Popular para las Relaciones Exteriores AGEV/000530 del 17 de noviembre de 2009.

[16] En sustento de su argumento el Estado cita: Sala Constitucional del Tribunal Supremo de Justicia Exp. N° 01-2304 decisión de 16 de noviembre de 2001: "se observa que la convocatoria de la audiencia preliminar no presupone la existencia de una violación del derecho a la seguridad personal y a la defensa del demandante, pues es en la audiencia preliminar cuando el juez de control determina la viabilidad procesal de la acusación fiscal, de la cual dependerá la existencia o no del juicio oral. Es decir, durante la celebración de la audiencia preliminar se determina -a través del examen del material aportado por el ministerio Público- el objeto del juicio y sí es 'probable' la participación del imputado en los hechos que se le atribuyen; de modo que la celebración de dicha audiencia no causó perjuicio alguno al Imputado de la causa principal [...]". Escrito del Ministerio del Podar Popular para las Relaciones Exteriores AGEV/000530 del 17 de-noviembre de *2009,* págs. 43 y 44.

resulta fácil, pero erróneo separar la audiencia preliminar del mal llamado recurso y así argumentar y sostener la excepción del agotamiento a los recursos internos. Alega que los peticionarios no han planteado un recurso de nulidad sino una contestación a la acusación de la Fiscalía en la que realizaron diversas solicitudes que no pueden ser resueltas sin que el acusado esté presente, Por lo tanto, la paralización de la causa no es por retardo injustificado del Estado sino a causa de la falta de comparecencia del propio acusado.

66. El Estado sostiene que tanto las solicitudes de la Fiscalía en su escrito de acusación como las de la defensa no han sido resueltas, no porque se pretenda violar los derechos del acusado, ni se tenga la intención de retrasar el proceso; sino que mientras el acusado se encuentre ausente, abstraído del proceso penal, fugado de la justicia venezolana, no se puede celebrar y decidir sobre peticiones de las partes si no se encuentran todas las partes presentes, aunado al hecho que los requerimientos tocan y deciden el fondo del caso.

b. *Alegatos sobre el derecho a un recurso efectivo y al debido proceso*

67. El Estado alega que el derecho a la protección judicial no significa que su pretensor debe obtener decisiones conforme a sus intereses sino por el contrario implica que éste cuente con la posibilidad de acceder al sistema de justicia en defensa de sus alegatos y obtener una respuesta del-Estado fundada en derecho y manera eficiente.

68. Alega que la imputación contra Allan Brewer Carías fue realizada en cumplimiento de los principios y garantías procesales establecidas tanto en la Constitución, como en la norma adjetiva penal y en los Tratados, Convenios y Acuerdos Internacionales suscritos por el Estado. Indica que en el acto de imputación, el 27 de enero de 2005, Allan Brewer Carías estuvo debidamente asistido por sus abogados de confianza, León Enrique Cottin Núñez y Pedro Nikken Bellshawhog, Señala que en dicho acto la Fiscal Provisoria Sexta le preguntó al imputado: "[...] si entendió las razones por las cuales se le imputa, si tiene alguna duda sobre lo expuesto [...]" y que' el im-

putado no manifestó nada. Asimismo, señala que se le preguntó si deseaba rendir declaración, a lo que el imputado respondió que no, Indica que el acta de imputación fue firmada por sus abogados defensores y que posteriormente Allan Brewer Carías salió del Despacho Fiscal en plena libertad, porque el proceso en su contra se estaba llevando en libertad.

69. Alega que los representantes legales de Allan Brewer Carías ejercieron plenamente su derecho a la defensa y que solicitaron la práctica de diligencias tendientes a esclarecer los hechos. Alega que en respuesta el Ministerio Público procedió a practicar las diligencias que cumplían con los requisitos de pertinencia y necesidad.

70. El Estado señala que en la fase de investigación la defensa interpuso recurso de apelación en contra de los autos judiciales dictados, siendo éstos declarados sin lugar por las distintas Salas de las Cortes de Apelaciones, que los conocieron.

71. El Estado señala que luego de la acusación formal contra Allan Brewer Carías por el delito de conspiración para cambiar violentamente la Constitución del 21 de octubre de 2005, el 10 de mayo de 2006, Allan Brewer Carías manifestó a la Jueza, por escrito, su intención de salir del país con base en un falso supuesto de violación de sus derechos y garantías constitucionales de defensa y en que "[...] la ilustre Universidad de Columbia le ha brindado la oportunidad de lograr un viejo anhelo profesional, como lo es el pertenecer a su plantilla de profesores, ha tomado la decisión de esperar a que se presenten las condiciones idóneas para obtener un juicio imparcial y con respeto de sus garantías [...]".

72. Señala que en consecuencia, el 2 de junio de 2006, el Ministerio Público solicitó al Juez Temporal Vigésimo Quinto se decretara la medida de privación judicial preventiva de libertad contra Allan Randolph Brewer Carías, pese a que en el escrito acusatorio ya se había solicitado dicha medida. Alega que su negativa a someterse a la persecución penal, atenta no sólo contra la investigación conducida por el Ministerio Público, sino contra todo el sistema de justicia.

73. Alega que por tal motivo, el 15 de junio de 2006 el Juez Temporal Vigésimo Quinto acordó la medida de privación de libertad contra el acusado, debido a que estaban presentes los supuestos concurrentes de procedencia establecidos en el artículo 250 del COPP, en concordancia con los numerales 1, 2, 3, y 4 del primer párrafo de su artículo 251.

74. Frente al alegato de los peticionarios respecto a la violación del principio de presunción de inocencia dado que correspondía a la defensa desvirtuar la imputación hecha por la Fiscalía (ver *supra* III A), el Estado responde que del artículo 125.5[17] del COPP, interpretado en conjunto con los artículos 131 y 305, se colige que la defensa tiene una postura activa y proactiva dentro de la investigación a

---

17   El Estado hace referencia al artículo 125 del COPP. Derechos, "El imputado tendrá los siguientes derechos: 1, Que se le informe de manera específica y clara acerca de los hechos que se le Imputan; 2, Comunicarse con sus familiares, abogado de su confianza o asociación de asistencia jurídica, para informar sobre su detención; 3. Ser asistido, desde los actos iniciales de la investigación, por un defensor que designe al o sus parientes y, en su defecto, por un defensor público; 4. Ser asistido gratuitamente por un traductor o intérprete si no comprende o no habla el idioma castellano; 5, Pedir al Ministerio Público la práctica de diligencias de investigación destinadas a desvirtuar las Imputaciones que se le formulen; (resaltado del Estado); 6. Presentarse directamente ante el Juez con el fin de prestar declaración; 7. Solicitar que se active la investigación y a conocer su contenido, salvo en los casos en que alguna parte de ella haya sido declarada reservada y sólo por el tiempo que esa declaración se prolongue; 8. Pedir que se declare anticipadamente la Improcedencia de la privación preventiva judicial de libertad; 9, Ser impuesto del precepto constitucional que lo exime de declarar y, aun en caso de consentir *a* prestar declaración, a no hacerlo bajo juramento; 10. No ser sometido a tortura u otros tratos crueles, inhumanos o degradantes de su dignidad personal; 11, No ser objeto de técnicas o métodos que alteren su libre voluntad, incluso con su consentimiento; 12. No ser juzgado en ausencia, salvo lo dispuesto en la Constitución de la República Bolivariana de Venezuela", Escrito del Ministerio del Poder Popular para las Relaciones Exteriores AEGV/000394 del 25 de agosto de 2009, págs. 30-31.

fin de garantizar el debido proceso y que puede solicitar la práctica de diligencias a fin de desvirtuar las imputaciones formuladas, toda vez que satisfagan los requisitos de pertinencia, necesidad y utilidad y de estar vinculadas directamente con la investigación y el esclarecimiento de los hechos.

75. En respuesta al alegato de los peticionarios respecto a la falta de acceso a "supuestas pruebas en su contra; y a los testigos y otras pruebas que él ha promovido"[18], (ver *supra* 111 A), el Estado señala que los peticionarios confunden dentro de la fase preparatoria e intermedia conceptos básicos que son necesarios para comprender y poder realizar una denuncia de tal naturaleza, como los actos de investigación, elementos de convicción, medios de prueba y pruebas propiamente dichas; incluso desconocen en qué etapa, procesal del sistema adjetivo penal venezolano deben utilizarse.

76. Frente al alegato de los peticionarios respecto a que se les ha impedido la posibilidad oportuna y efectiva de defenderse {ver *supra* III A), el Estado responde que no presentan prueba alguna de ello y que sólo pretenden que la Comisión dé por cierto el no haber tenido acceso al expediente y por ende a la oportuna y efectiva defensa. El Estado rechaza dichos argumentos, y alega que se cuenta con 17 actas firmadas por el representante legal de Allan Brewer Carías durante el proceso ante el Ministerio Público, donde consta con su firma que revisó el expediente en todas y cada una de sus partes, sin observación alguna. Asimismo, indica que revisaron los videos y demás anexos vinculados con su imputación, lo cual se evidencia en las planillas efe solicitud de revisión de expedientes. Alega que en vista de esto resulta extraño y falso que indiquen que no tuvieron acceso al expediente, o a lo que ellos erróneamente llaman "las pruebas" dentro de la fase de investigación. Señala que durante la fase de investigación y desde la fecha de imputación Allan Brewer Carías y sus representantes legales, se apersonaron en

---

[18]   El Estado cita el párr. 5 de la petición presentada a la Comisión de fecha 24 de enero de 2007.

reiteradas oportunidades a la Fiscal Provisoria Sexta, a fin de "imponerse del contenido de la causa llevada en su contra".

77. Frente al alegato de los peticionarios respecto a que "se violó... de manera general, el derecho de la defensa de interrogar a los testigos presentes en el tribunal [...]" (ver *supra* III A), el Estado alega que los peticionarios confunden la "prueba" presentada ante un tribunal en la etapa de juicio, con los "términos de convicción" presentados ante la Fiscalía en la etapa de investigación. Al respecto, sostiene que la entrevista de testigos por la Fiscalía no equivale a la producción de testimonios ante un tribunal en la etapa de juicio, conforme a los artículos 355 y 356 del COPP. Una vez conocida la Identidad de la persona citada por la Fiscalía a declarar, la defensa puede solicitar qué el Ministerio Público formule ciertas preguntas al entrevistado, fundamentando su pertinencia, necesidad, utilidad y vinculación con la Investigación[19]. Indica que en el caso de Brewer Carías la defensa no presentó dicha solicitud al Ministerio Público. La defensa debe explicar la pertinencia, necesidad, utilidad y vinculación con la investigación de las personas propuestas para entrevista con la Fiscalía en la etapa de Investigación, y puede solicitar la formulación de determinadas preguntas que cumplan con los mismos requisitos. Alega que estos requisitos no fueron cumplidos por los abogados defensores de Brewer Carías. Señala que en la entrevista ante la Fiscalía la defensa puede participar activamente dentro de este acto de Investigación (que no es un acto de prueba) lo cual queda plasmado en un acta de entrevista. Indica que si dicho acto de investigación es admitido por el Tribunal de Control y pasa al Tribunal de Juicio, es entonces, cuando la defensa puede preguntar y repreguntar y puede controlar la prueba de testigos, Enfatiza que en el presente caso no se ha llegado a la etapa de juicio por lo que la defensa tendrá entonces la posibilidad de preguntar y repreguntar a los testigos cuyas declaraciones hayan sido admitidas por el Tribunal de Control en la etapa intermedia. Concluye por lo tanto que los

---

[19]   El Estado cita el artículo 305, 125 numeral 6 y 131 del COPP. Escrito del Ministerio del Poder Popular para las Relaciones Exteriores AEGV/000394 del 25 de agosto de 2009, pág. 38.

peticionarios confunden[20] la fase de investigación, la fase intermedia y la fase de juicio en el proceso penal venezolano.

78. Alega que Allan Brewer Carías enfrentaba el proceso penal
en su contra en libertad, sin una orden de detención en su contra,
hasta el 14 de julio de 2006. En este sentido, el Estado controvierte
el alegato de los peticionarios respecto a que: "[...] el Estado intenta
negar al Dr. Brewer Carías la libertad física, le niega el derecho a
juicio en libertad y le restringe su libertad de circulación, por decretar su detención preventiva que no responde en absoluto a necesidad
alguna y que no cumple con las normas mínimas internacionales y
nacionales para justificar tal medida de excepción". El Estado resal-
ta que desde el 12 de abril de 2002 Allan Brewer Carías se encontraba en libertad plena hasta la fecha que se ausentó del país, el 2 de
junio de 2006 y alega que fue Allan Brewer Carías quien provocó
que se activaran los mecanismos constitucionales y legales para la
procedencia de la privación judicial preventiva de la libertad.

79. Frente al alegato de los peticionarios sobre la violación de
normas Internacionales (ver *supra* III A) el Estado responde que el
derecho internacional de los derechos humanos es complementario
y subsidiario y que no sustituye la propia actividad del Estado. Alega que los peticionarios tienen la obligación de (i) señalar la norma
interna violada, en este caso el COPP y/o la Constitución; (ii) demostrar la violación de esa norma interna, fundamentándola con el
propio expediente, y la jurisprudencia e interpretación en el derecho
interno, sin que esto comporte el planteamiento de argumentos de
fondo del caso; y finalmente (iii) trasladar el correspondiente derecho violado, en el Estado a la norma internacional.

80. El Estado indica que el estado de rebeldía jurídica de Allan
Brewer Carías le hizo perder la posibilidad de caer en el supuesto
contemplado por el Decreto con Rango, Valor y Fuerza de Ley Es-

---

[20]   El Estado indica que dicha confusión también se refleja en la cita de
los peticionarios del informe Nº 85/99 del Caso Nº 11.258 (Figueredo
Planchart), en la que se refieren específicamente a los actos celebra-
dos ante un tribunal y no en la etapa de investigación.

pecial de Amnistía, emitido el 31 de diciembre de 2007 por el Presidente Hugo Chávez Frías, en ejercicio de su atribución constitucional. Indica que dicho decreto aplicó a todas las personas que

> [...] enfrentadas al orden establecido se encuentren a derecho y se hayan sometido a los procesos penates en los delitos siguientes:
>
> A) Por la redacción del decreto del gobierno de facto del 12 de abril de 2002.
>
> B) Por firmar el decreto del gobierno de facto del 12 de abril del 2002
>
> C) Por la toma violenta de la Gobernación del Estado Mérida del 12 de abril de 2002
>
> D) Por la privación ilegítima de [a libertad del ciudadano Ramón Rodríguez Chacín, Ministro de Interior y Justicia el 12 de abril de 2002
>
> E) Por la Comisión de los Delitos de instigación a Delinquir y rebelión militar hasta el 2 de diciembre de 2007 [...].

81. Respecto a la posible afectación del acceso de Allan Brewer Carías a los recursos de la jurisdicción interna en razón de la provisionalidad, independencia e imparcialidad de los jueces, el Estado alega que, tal como lo ha establecido la Corte Interamericana, se debe probar en el caso concreto que las decisiones de los tribunales están supeditadas a cuestiones vinculadas con la provisionalidad, independencia e imparcialidad de los jueces[21].

---

[21]   En sustento de su argumento el Estado cita: Corte I.D.H. *Caso Ríos y otros* Vs. *Venezuela.* Sentencia de 28 de enero de 2009, Serie C N° 194 y Caso *Perozo y otros Vs. Venezuela.* Sentencia de 28 de enero de 2009. Serie C N° 195. Escrito del Ministerio del Poder Popular para las Relaciones Exteriores AGEV/000530 del 17 de noviembre de 2009, pág. 59

82. El Estado alega que Allan Brewer Carías, hoy prófugo de la justicia, y su defensa, de la manera más irresponsable decidió -fundamentados en lo que era su parecer y en una oferta de trabajo en una universidad extranjera- abstenerse del proceso penal por una supuesta desconfianza, que hasta ahora no ha podido probar y en razón de no haber obtenido respuestas positivas pretende quebrantar las formas procesales más básicas, para evitar no el juicio sino la celebración de la audiencia preliminar. Finalmente, alega que la credibilidad de las instituciones internacionales de protección de los derechos humanos está estrechamente relacionada con la observancia de los principios de objetividad, imparcialidad, buena fe y no selectividad.

3. *Alegatos sobre el derecho a la libertad de expresión*

83. Respecto al análisis de la alegada violación al derecho a la libertad de expresión en la etapa de fondo el Estado sostiene que esta situación es "una de las formas más veladas de violación del derecho a la defensa del Estado cuando consideran alegatos sin ningún fundamento y prueba alguna, pretendiendo incorporarlos 'después' en la etapa de fondo". Al respecto, el Estado considera que "los peticionarios no han presentado elementos suficientes para demostrar que los hechos alegados podrían caracterizar una violación". El Estado "no puede aceptar que la Comisión admita un alegato [...] cuando la posibilidad de la presunta, violación no ha sido ni siquiera demostrada [...] sino únicamente es señalada por medio de apreciaciones totalmente subjetivas"[22]

84. Alega que no se puede decir que se quiere silenciar la voz de Allan Brewer Carías quien incluso con posterioridad de los actos de imputación y de acusación ha hecho uso de su libertad de expresión, "ha continuado expresando como a bien tenga del Estado venezolano y hasta de su propio caso"[23] Indica que Los libros de Allan Bre-

---

22   Escrito del Ministerio del Poder Popular para las Relaciones Exteriores AGEV/000530 del 17 de noviembre de 2009, pág. 49.

23   En sustento de su argumento el Estado cita: "La demolición del Estado de derecho y la destrucción de la democracia en Venezuela" Con-

wer Carías no han sido objeto de ninguna restricción, prohibición o censura, Considera que la violación al derecho a la libertad de expresión de Allan Brewer Carías no se configura.

---

ferencia dictada en la Procuraduría Geral do Estado do Río de Janeiro, 26 de agosto de 2009; The citizen's access to Constitutional Jurisdiction; Special reference to the Venezuelan system of Judicial Review, Round table conference of the International Association of Constitutional Law, IACL on "Challenges to the consolidation of the Rules of Law of Democracy In Latín America. Compared experiences", Porto de Galinhas, Estado de Pernambuco, Brasil, 24 de agosto de 2009; "El Juez Constitucional al servicio del autoritarismo y la ilegítima mutación de la Constitución: el caso de la Sala Constitucional del Tribunal Supremo de Justicia de Venezuela (1999-2009)", *Notas para la exposición en el Seminario del Prof. Eduardo García de Enterría*, Facultad de Derecho de la Universidad Complutense de Madrid, 1° de abril de 2009; *Reforma Constitucional, Asamblea Constituyente y Control Judicial Contenciosos Administrativo: el caso de Honduras (2009) y el precedente venezolano (1999)*, Nueva York, julio de 2009; "Historia, los sucesos de abril de 2002 y las consecuencias de la renuncia del Presidente Hugo Chávez Frías a la Presidencia de la República", abril de 2009; El Juez Constitucional vs. La alternabilidad republicana, 2009. Notas sobre la Sentencia de la Sala Constitucional de 03-02-2009 que declara constitucional el proceso de enmienda constitucional 2008-2009 que altera el principio de alternabilidad del gobierno, al establecer la reelección continua e indefinida de cargos electivos y que se someterá al referendo el 15-2-2009; "En mi propia defensa" Ed. Jurídica Venezolana, 2006 y "Mi testimonio ante la Historia". Escrito del Ministerio del Poder Popular para las Relaciones Exteriores AGEV/000530 del 17 de noviembre de 2009, págs. 49 y 50

IV. ANÁLISIS SOBRE EL FONDO

A. *Determinaciones de hecho*

1. *Antecedentes*

85. Entre diciembre de 2001 y abril de 2002 se produjo una movilización social de protesta contra diversas políticas del Gobierno[24]. El de abril de 2002 los comandantes de la Fuerza Armada manifestaron desconocer la autoridad del Presidente de la República y al día siguiente el General Lucas Rincón informó a la población que se le "solicitó al señor Presidente de la República la renuncia a su cargo, la cual aceptó"[25].

86. En la madrugada del 12 de abril de 2002 Pedro Carmona Estanga, uno de los líderes de las protestas civiles, se comunicó con el abogado Allan Brewer Carias[26] y envió un vehículo para que lo recogiera en su residencia. Brewer Carias sostiene que fue llevado al "Fuerte Tiuna", sede del Ministerio de Defensa y de la Comandancia General del Ejército y que

---

[24] "El ambiente político en Venezuela se caracterizó por una notoria tendencia a la radicalización que comenzó con un proceso de definición y acentuación en los primeros meses del año 2002 y la interrupción del orden constitucional el 11 de abril y la posterior restauración el 14 de abril del mismo año". CIDH. *Informe sobre la Situación de los Derechos Humanos en Venezuela de 2003* OEA/Ser.L/V/11.118. Doc. 4 rev. 1, 24 de octubre de 2003, Resumen Ejecutivo, párr. 4, "Durante los graves sucesos del 11 de abril de 2002, la Comisión condenó el golpe de Estado perpetrado contra el orden constitucional.

[25] Albor Rodríguez (ed), *Verdades, mentiras y Videos, Lo más relevante de tas interpelaciones en la Asamblea Nacional sobre los sucesos de abril,* Libros El Nacional, Caracas (2002), páginas 13 y 14, citado en: petición original recibida el 24 de enero de 2007, página 9.

[26] Allan Brewer Carías es un especialista en derecho constitucional, que había manifestado críticas frente a una serie de decisiones adoptadas mediante decretos del Poder Ejecutivo en Venezuela, ha sido Senador, Ministro y miembro de la Asamblea Nacional Constituyente de 1999. Petición original recibida el 24 de enero de 2007, párrs. 13-20,

Me condujeron a un pequeño cubículo donde estaba el Dr. Carmona, a quien saludé y quien me solicitó que analizara un documento que le habían entregado cuando llegó a ese lugar, a cuyo efecto se me puso en contacto con dos jóvenes abogados de nombres Daniel Romero y José Gregorio Vásquez, quien (sic) fueron los que me mostraron el documento [...][27]

87. Dicho documento, más tarde conocido como el "Decreto Carmona", ordenaba la disolución de los poderes públicos y el establecimiento de un "gobierno de transición democrática"[28].

88. Hacia el mediodía Allan Brewer Carias se trasladó al Palacio de Miraflores. Ese mismo día el señor Pedro Carmona Estanga anunció la disolución de los poderes públicos y el establecimiento de un "gobierno de transición democrática", entre otras medidas. Hugo Chávez fue reinstaurado en la Presidencia de la República el 13 de abril de 2002[29].

89. Las resoluciones adoptadas por el Consejo Permanente y la Asamblea General de la Organización de los Estados Americanos definieron los hechos ocurridos entre el 12 y el 13 de abril de 2002

---

[27]   Declaración de Allan Brewer Carías ante el Ministerio Público. Citado en el acta de imputación fiscal contra Allan Brewer Carías del 27 de enero de 2005, anexo 5 a la petición original recibida el 24 de enero de 2007.

[28]   El Decreto está contenido en el acta de imputación fiscal contra Allan Brewer Carías del 27 de enero de 2005, anexo 5 a la petición original recibida el 24 de enero de 2007.

[29]   "[L]a Comisión emitió un comunicado de prensa el 13 de abril de 2002, en el que expresó, entre otras cosas, su más enérgica condena por los hechos de violencia, deploró la destitución de las más altas autoridades de todos los poderes públicos; y advirtió que dichos hechos configuraban una interrupción del orden constitucional". CIDH. Informe sobre la Situación de los Derechos Humanos en Venezuela de 2003. OEA/Ser.L/V/11.118. Doc. 4 rev. 1, 24 de octubre de 2003, párr. 7.

como una "interrupción abrupta del orden democrático y constitucional" en Venezuela[30].

90.   Posteriormente, los medios de comunicación difundieron[31] notas sobre la presencia de Allan Brewer Carias durante la madrugada del 12 de abril de 2002 en "Fuerte Tiuna" que lo vinculaban con la redacción del llamado "Decreto Carmona". Por ejemplo, difundieron que

---

[30]   OEA. Resolución del Consejo Permanente (CP). Actual Situación en Venezuela OEA/Ser.G. CP/doc. 3616/02. 28 de mayo de 2002. Ver CP/Resolución 811 (1315/02). CIDH. Informe sobre la Situación de los Derechos Humanos en Venezuela de 2003. OEA/Ser.L/V/11.118. Doc. 4 rev. 1, 24 de octubre de 2003, párr. 534.

[31]   Edgar López, *Carta Interamericana Democrática fundamenta Gobierno de Transición*. En: *El Nacional*, 13 de abril de 2002; Laura Weffer Cifuentes, *Cómo se fraguó la renuncia de Hugo Chávez*. En: *El Nacional*, 13 de abril de 2002; Mariela León, *Primer Presidente Empresario*. En: *El Universal*, 13 de abril de 2002; Patricia Poleo, *Factores de Poder*. En: *El Nuevo País*, 16 y 17 de abril de 2002; Ricardo Peña, *Círculo íntimo*. En: *El Reporte*, 18 de abril de 2002; Patricia Poleo, *Factores de poder*. En: *El Nuevo País*, 25 de abril de 2002; Francisco Olivares, entrevista a Daniel Romero, *Los militares manejaron todas las decisiones políticas*. En: *El Universal*, 26 de abril de 2002; Milagros Socorro, *Al país se le tendió una trampa*. En: *El Nacional*, 27 de abril de 2002; Francisco Olivares, *Historia del segundo decreto*. En: *El Universal*, 28 de abril de 2002; Nitu Pérez Osuna, *El video de Chávez retenido*. En: *El Mundo*, 3 de mayo de 2002; Programas de televisión de Rafael Poleo y Patricia Poleo, *Dominio Público* (Venevisión), 12 de abril de 2002; César Miguel Rondón entrevista a Teodoro Petkoff en *30 Minutos* (Televén), 12 de mayo de 2002; Domingo Blanco entrevista a Patricia Poleo en *Primera Página* (Globovisión), 15 de abril de 2002; César Miguel Rondón entrevista a Patricia Poleo en *30 Minutos* (Televén), 16 de abril de 2002; Luisiana Ríos y Carlos Omobono entrevistan a Patricia Poleo en *La Entrevista* (RCTV), 16 de abril de 2002; Carlos Fernández entrevista a Tarek William Saab en *Triángulo* (Televén), 10 de mayo de 2002; Programa *Voces de un país* de Luis García Figueroa (Globovisión), 28 de mayo de 2002. Escrito de imputación fiscal contra Allan Brewer Carías del 27 de enero de 2005. Anexo 5 a la petición original recibida el 24 de enero de 2007.

En la sede de la Comandancia del Ejército, zona reservada al Jefe del Estado Mayor, se habían instalado en cubículo Pedro Carmona... En el cubículo de enfrente estaba Allan Brewer Carias redactando a mano lo que luego sería el Acta Constitutiva del Gobierno de Transición [...] Brewer Carias replicó: No importa la renuncia. Ya Lucas la va a anunciar por televisión y eso será más que suficiente...[32].

91. Allan Brewer Carias desmintió en muchas ruedas de prensa lo que él consideró especulaciones[33]. El 13 de abril de 2002 la presunta víctima otorgó una entrevista en la que, en referencia al "gobierno de transición democrática", señaló

[...] que el documento constitutivo del Gobierno transitorio se fundamenta en la Carta Democrática Interamericana, que Venezuela suscribió el 11 de septiembre de 2001... ¿Entonces la referencia jurídica del nuevo gobierno es la Carta Interamericana Democrática (sic) y no la Constitución Nacional de 1999, elaborada por la Asamblea Constituyente y convalidada en referéndum popular? No exactamente. Aquí hubo el ejercicio de un derecho ciudadano a la resistencia o desobediencia civil, el

---

[32] Artículo del diario El Nuevo País del 16 de abril de 2002, por Patricia Poleo. *Factores de poder,* Citado en el escrito de imputación fiscal contra Allan Brewer Carías del 27 de enero de 2005, anexo 5 a la petición original recibida el 24 de enero de 2007.

[33] Allan Brewer Carías responde a las acusaciones: *No redacté el decreto de Carmona Estanga* reseña por Ana Damelis Guzmán, *El Globo,* Caracas, 17/4/02, pág. 4. El abogado desmiente haber redactado acta constitutiva de gobierno transitorio; *Brewer Carías se desmarca de Pedro Carmona Estanga,* reseña por Feliz González Roa *Notitarde, Valencia, 17/4/02,* pág. 13. *Brewer Carias: no sé quién redactó el decreto Carmona,* reseña por Jaime Granda, *El Nuevo País,* 17/04/02, pág. 2. Allan R. Brewer Carías *En mi propia defensa. Respuesta preparada con la asistencia de mis defensores Rafael Odremán y León Henrique Cottin contra la infundada acusación fiscal por el supuesto delito de conspiración,* Editorial Jurídica Venezolana, Caracas, 2006, pág. 192, entre otros. Ver reseñas en Anexo 2 a la petición original recibida el 24 de enero de 2007.

cual está garantizado y previsto en el artículo 350 de la Constitución Nacional. El Pueblo de Venezuela, a través de sus representantes, desconoció un régimen, una autoridad y una legislación que contrariaba los principios y valores democráticos y que violaba derechos y garantías constitucionales. En definitiva se produjo una rebelión de carácter civil, y posteriormente la renuncia del Presidente de la República, según lo anunció el alto mando militar. El vacío constitucional de poder tuvo que ser llenado por los representantes de diversos sectores de la sociedad, sobre la base, insisto, del artículo 340 de la Constitución. ¿Cómo es posible hablar de apego al estado de derecho si la Junta de Gobierno acordó la disolución de los poderes legítimamente constituidos? La disolución de los poderes constituidos es una manifestación de ese derecho a la desobediencia civil [...][34].

92. La Asamblea Nacional designó una "Comisión Parlamentaria Especial para investigar los sucesos de abril de 2002". En su informe de julio de 2002 esta Comisión Especial exhortó al Poder Ciudadano a investigar y determinar las responsabilidades de ciudadanos "...quienes, sin estar investidos de funciones públicas, actuaron en forma activa y concordada en la conspiración y golpe de Estado"[35]. La lista de ciudadanos a ser investigados incluye a Allan Brewer Carias "por estar demostrada su participación en la planificación y ejecución del Golpe de Estado..."[36].

---

[34]   Artículo publicado en el diario *"El Nacional"*, 13 de abril de 2002 por Edgar López *Carta Interamericana Democrática fundamenta gobierno de transición*. Citado en el escrito de imputación fiscal contra Allan Brewer Carías del 27 de enero de 2005, anexo 5 a la petición original recibida el 24 de enero de 2007.

[35]   *Informe de la Comisión Parlamentaria Especial para Investigar los Sucesos de Abril de 2002*. Anexo 20 a la petición original recibida el 24 de enero de 2007.

[36]   *Informe de la Comisión Parlamentaria Especial para Investigar los Sucesos de Abril de 2002*. Anexo 20 a la petición original recibida el 24 de enero de 2007.

2. *Hechos probados en relación con el proceso judicial*

93. El proceso de imputación contra Allan Brewer Carias fue iniciado el 12 de abril de 2002 por la Fiscalía del Ministerio Público a Nivel Nacional en Materia contra Corrupción con Competencia Especial en Bancos, Seguros y Mercados de Capitales, a fin de determinar las responsabilidades de las personas involucradas en los hechos ocurridos en abril de 2002. El 22 de mayo de 2002 el Coronel del Ejército en servicio Ángel Bellorín presentó una denuncia que indicaba que "es un hecho notorio comunicacional reiterado y por todos conocido a través de los diversos medios de comunicación que los autores de dicho decreto son los ciudadanos abogados ALLAN BREWER CARÍAS, [y tres personas más] conocidos [...] como expertos en materia constitucional [...] tal como se desprende de los artículos periodísticos que de seguida referimos [...][37].

94. Entre el 2002 y el 2005 al menos cuatro fiscales provisorios investigaron los hechos que rodearon la redacción del "Decreto Carmona", entre otros hechos relacionados con los eventos que se produjeron entre el 11 y el 13 de abril de 2002. Al inicio la investigación estuvo a cargo del Fiscal provisorio José Benigno Rojas. El 9 de julio de 2002 el testigo Jorge Olavarría presentó ante este Fiscal un escrito de testimonio donde señala que le consta que Brewer Carias no redactó el "Decreto Carmona"[38]. José Benigno Rojas fue sustituido por el Fiscal Provisorio Danilo Anderson[39]. Subsiguien-

---

[37] Denuncia formulada por Ángel Bellorín el 22 de mayo de 2002. Anexo 6 a la petición original recibida el 24 de enero de 2007.

[38] Escrito de Jorge Olavarría. Anexo 36 a la petición original recibida el 24 de enero de 2007.

[39] "02. FIRMANTES DEL DECRETO DE PEDRO CARMONA ESTANGA

Implicados: Aproximadamente 400 personas Fiscales: 6° nacional, Luisa Ortega Díaz

• Estado: Entre el 18 de octubre y el 10 de noviembre de 2004, el fiscal 4 con competencia plena, Danilo Anderson, imputó por la presunta comisión del delito de rebelión civil a los ciudadanos [...],

temente, el 28 de agosto de 2002 la Fiscal Provisoria Sexta asumió la investigación[40].

95. El 27 de enero de 2005, la Fiscal Provisoria Sexta imputó a Allan Brewer Carias, por su supuesta

"participación en la redacción y elaboración del Acta de Constitución del Gobierno de Transición Democrática y Unidad Nacional la cual contiene un [Democrática y Unidad Nacional] (sic), leído por el ciudadano DANIEL ROMERO, el día 12 de abril de 2002, dentro de las instalaciones del Palacio de Miraflores, luego que un grupo de personas, civiles y oficiales de la Fuerza Armada Nacional desconociendo el gobierno constitucional y legítimamente constituido, al margen de la Constitución de la República Bolivariana de Venezuela y de las leyes, procedieron a constituir un gobierno de facto"[41].

· Posteriormente, la investigación fue asignada en diciembre de 2004 a la fiscal 6° nacional, Luisa Ortega Díaz, tras la muerte del fiscal Anderson.

· En ese sentido, a partir de enero de este año han sido imputados los ciudadanos [...], Allan Brewer Carias, [...]". Ministerio Público. Balance investigaciones de los sucesos de abril de 2002, 8 de abril de 2005. En: http://www.urru.org/11A/balancefiscaliainvestigaciones11a.pdf

[40]   Resolución N° 539 del Fiscal General de la República mediante la cual se designa a Luisa Ortega Díaz como Suplente Especial de la Fiscalía Sexta del Ministerio Público con a Nivel Nacional con Competencia Plena de 28 de agosto de 2002. Anexo 8 a la petición original recibida el 24 de enero de 2007. Ver. Ultimas Noticias Solicitan Sobreseer a firmantes y militares de 9 de enero de 2008. "Caracas. La Fiscal sexta nacional, María Alejandra Pérez, solicitó sobreseimiento de los investigados por la firma del decreto del Gobierno de facto de Pedro Carmona Estanga del 12 de abril de 2002, mediante el cual se derogó la Constitución [...]", En: http://venezuelareal.zoomblog.com/archivo/2008/01/09/solicitan-sobreseer-a-firmantes-v-mili.html

[41]   Imputación Fiscal. Anexo 5 a la petición original recibida el 24 de enero de 2007.

96. Esta conducta está prevista y sancionada en el artículo 144 numeral 2, del Código Penal venezolano -como garantía de la vigencia de la Constitución- como el delito de conspiración para cambiar violentamente la Constitución[42].

97. El 4 de mayo de 2005 la defensa presentó un escrito en el que manifestó que una entrevista utilizada como prueba para la imputación fiscal no se correspondía con la realidad[43]. Al respecto, señaló que en el programa 30 Minutos se entrevistó a Teodoro Petkoff quien afirmó que

Estamos ante un golpe de estado sui generis, Pedro Carmona, tiene plenos poderes para nombrar alcaldes, gobernadores, se juramentó ante sí mismo, destituyó a los Magistrados del Tribunal Supremo de Justicia, al Defensor del Pueblo, Contralor..., tiene poderes dictatoriales. Estamos en presencia de un gobierno de facto, porque no cubre las formas democráticas. Brewer debe explicar ese decreto ante la OEA[44].

---

[42]   Código Penal de Venezuela artículo 144: "Serán castigados con presidio de doce a veinticuatro años. Los que, sin el objeto de cambiar la forma política republicana que se ha dado a la Nación, conspiren o se alcen para cambiar violentamente la Constitución Nacional". (Actual artículo 143 numeral 2). Escrito del Ministerio del Poder Popular para las Relaciones Exteriores AEGV/000394 del 25 de agosto de 2009, págs. 22 - 24. Imputación Fiscal. Anexo 5 a la petición original recibida el 24 de enero de 2007.

[43]   Escrito de la defensa de Brewer Carías del 4 de mayo de 2005 dirigido al Juez Vigésimo Quinto de Control en el que se indica que luego de haber visto los videos y notas de prensa que reposan en el expediente del caso pudieron establecer la falta de veracidad o falsedad de los textos dado que ciertas partes de los videos utilizados para la imputación no se correspondían con lo que se ve y escucha en el video utilizado a la vez de volver a solicitar acceso a la totalidad de los videos contenidos en el expediente del caso. Anexo 43 a la petición original recibida el 24 de enero de 2007, párr. 118.

[44]   Escrito de la defensa presentado el 4 de mayo de 2005. Anexo 43 a la petición original recibida el 24 de enero de 2007.

98. Indicó que ésta es una falsedad advertida por el propio Teodoro Petkoff quien en respuesta a una pregunta del Fiscal indicó

SÉPTIMA: ¿Diga Usted por qué señaló en esa entrevista que Brewer debe explicar ese decreto ante la OEA? CONTESTO: Yo no dije que Brewer debía explicar ese decreto ante la OEA, dije, ahora que acabo de oír el programa de nuevo. 'No sé cómo vamos a explicar esta situación ante la OEA', me refería obviamente al golpe de Estado y no Brewer. OCTAVA: ¿Diga Usted si tiene conocimiento de quienes elaboraron el decreto...? CONTESTÓ: No. No estuve allí[45].

99. En el escrito señalado, se solicitó a la Fiscal Provisoria la realización de una transcripción técnica especializada del contenido de todos los videos con entrevistas a periodistas, utilizados como elementos probatorios en la imputación fiscal. La solicitud fue denegada el 21 de abril de 2005[46].

100. El 31 de marzo de 2005 la defensa solicitó que sean citados a declarar Nelson Socorro y Leopoldo Baptista con el fin de que den cuenta de las actividades de Allan Brewer Carias los días anteriores al 10 de abril de 2002. La solicitud fue denegada el 21 de abril de 2005 por la Fiscal Provisoria Sexta al considerar que las actividades de Allan Brewer Carias anteriores al 10 de abril de 2002 no formaban parte de los hechos imputados y por tanto eran innecesarios[47].

101. El proceso en el cual está incluida la causa contra Allan Brewer Carias fue asignado inicialmente a la Jueza Temporal Vigésimo Quinta Josefina Gómez Sosa. A solicitud de la Fiscal Provisoria Sexta, la Jueza Temporal Vigésimo Quinta decretó la orden de prohibición de salida del país de 27 imputados por los sucesos de

---

[45] Escrito de la defensa presentado el 4 de mayo de 2005. Anexo 43 a la petición original recibida el 24 de enero de 2007.

[46] Respuesta de la Fiscal de 21 de abril de 2005, Anexo 42 a la petición original recibida el 24 de enero de 2007.

[47] Decisión de la Fiscal Provisoria Sexta a Nivel Nacional con Competencia Plena de fecha 21 de abril de 2005. Anexo 34 a la petición original recibida el 24 de enero de 2007.

abril de 2002, el 17 de diciembre de 2004, entre quienes no se encontraba Brewer Carias[48]. Dicha orden fue apelada ante la Sala Diez

---

[48] En el Informe de Admisibilidad N° 97/09 se indicó erróneamente que la orden de prohibición de salida del país incluía a Allan Brewer Carías. En la etapa procesal de fondo se determinó que dicha orden no fue dictada en su contra sino contra otras personas investigadas por su presunta participación en los hechos. "La Comisión Judicial del Tribunal Supremo de Justicia, [...], suspendió sin goce de sueldo e indefinidamente a los jueces de la Sala 10 de la Corte de Apelaciones que el 1° de este mes revocaron la medida de prohibición de salida del país contra 27 imputados por rebelión civil, por el supuesto respaldo al decreto mediante el cual Pedro Carmona Estanga sustituyó al presidente Hugo Chávez el 12 de abril de 2002.

[...] Los jueces afectados son Pedro Troconis Da Silva y Hertzen Vilela Sibada, quienes determinaron que la prohibición de salida del país decretada [...] por la jueza 25o de Control, Josefina Gómez Sosa, no fue suficientemente motivada. [...] Precisamente por considerar que la jueza Gómez Sosa incurrió en un error inexcusable, la Comisión Judicial también resolvió suspenderla sin goce de sueldo e indefinidamente.

Sobre el particular, en la resolución se razona: "No pocas veces se han dictado decisiones sin motivación con el deliberado propósito de que sean revocadas en la Alzada y, en verdad, resulta inexplicable que la jueza de primera instancia hubiese tomado tal determinación sin suministrar razones, cuando tal es una elemental obligación de todo juez".

La Comisión Judicial insistió en que la Sala 10 de la Corte de Apelaciones "en vez de anotar tan craso error y ordenar su corrección devolviendo los autos para tal finalidad, materializó un aprovechamiento de la falta y la agravó produciendo esta decisión que hoy conmueve al país".

La solicitud de prohibición de salida del país fue interpuesta el 17 de diciembre pasado por la fiscal 6o del Ministerio Público, Luisa Ortega, y en horas de la noche del mismo día la jueza Gómez Sosa la acogió.

Los imputados involucrados son Heidi Engelberth, María Corina Machado, José Rodríguez Iturbe, Julio Brazón, Leopoldo López Gil, Felipe Brillembourg, César Carballo, José Curiel, Rocío Guijarro, Sergio Ornar Calderón, Raúl De Armas, Guaicaipuro Lameda, León

de la Corte de Apelaciones. El 31 de enero de 2005 la Sala de Apelaciones dictó la revocatoria de las órdenes de prohibición de salida del país. El 3 de febrero de 2005 la Comisión Judicial del Tribunal Supremo de Justicia suspendió de su cargo a los jueces de la Corte de Apelaciones que votaron por la nulidad de la decisión apelada, así como a la Juez Temporal Josefina Gómez Sosa, por no haber motivado suficientemente la orden de prohibición de salida del país[49]. La Jueza Gómez Sosa fue sustituida por el Juez Manuel Bognanno[50].

102. El 4 de mayo de 2005 la defensa solicitó al Juez Temporal Vigésimo Quinto la exhibición de todos los videos, la admisión de los testimonios ofrecidos y el acceso a fas copias del expediente[51]. La defensa promovió la consideración de la ficha migratoria de Allan Brewer Carias para demostrar que durante las semanas que precedieron al 12 de abril de 2002 éste se encontraba fuera del país. El 9 de mayo de 2005 la Fiscal Provisoria Sexta rechazó la prueba por considerarla innecesaria[52].

Arismendi, Godofredo Marín, Douglas León Natera, Rafael Huizi Clavier, Vilma Petrash, Enrique Yéspica, Jaime Manzo, Federico Carmona, Ignacio Salvatierra, Alberto Quirós Corradi, Corina Parisca de Machado, Juan Pablo Borregales, Alejandro Peña Esclusa, Elias Bittar y Alvis Muñoz". *El Nacional*, 4 de febrero de 2005 A/2. "Suspendidos Jueces que favorecieron a imputados por Decreto de Carmona". Ver también Resolución del Tribunal Supremo de Justicia del 15 de noviembre de 2009 al recurso de apelación interpuesto por la Jueza Josefina Gómez Sosa.

[49] Resolución de destitución. Ver: http://www.tsi.gov.ve/informacion/resoluciones/ci/resolucionCJ 08.htm

[50] Resolución de destitución en la que se designa al nuevo juez. Ver: http://www.tsi.gov.ve/informacion/resoluciones/ci/resolucionCJ 08.htm

[51] Ver decisión de la Fiscal Provisoria Sexta del 9 de mayo de 2005. Anexo 35 a la petición original recibida el 24 de enero de 2007.

[52] Decisión del 9 de mayo de 2005 en la que se consideró que la solicitud la defensa no se indicó lo que se pretendía probar, cuáles eran los hechos imputados que iban a desvirtuar con la diligencia y por consi-

103. El 11 de mayo de 2005, el Juez Temporal Vigésimo Quinto Manuel Bognanno ordenó a la Fiscal Provisoria Sexta permitir a la defensa "el acceso total al expediente y los videos que guarden en relación con la causa..." y consideró que no le correspondía pronunciarse sobre la pertinencia de los testimonios ofrecidos[53]. El 16 de mayo de 2005 la defensa apeló dicha decisión ante la Corte de Apelaciones[54]. Por su parte, el 30 de mayo de 2005 la Fiscal Provisoria Sexta solicitó ante el Juez Vigésimo Quinto[55] y ante la Sala Nueve de la Corte de Apelaciones[56] la declaratoria de nulidad de la decisión de otorgar acceso total al expediente con fundamento en que el escrito presentado por la defensa no le había sido notificado, por lo cual no había tenido la oportunidad de defenderse. Al respecto, la Fiscal señaló que desde la fecha de imputación de Allan Brewer Carias, 27 de enero de 2005 hasta el 9 de mayo de 2005, los representantes del imputado

han revisado todas las piezas, durante 47 días laborales, de 67 transcurridos. De todas y cada una de las veces que han solicitado y revisado el expediente se ha levantado un acta de revisión que consigno en este escrito a fin de demostrar la

---

derar que tal solicitud no se ajustaba a lo establecido en el artículo 198 del Código Orgánico Procesal Penal el cual señala que: "...un medio de prueba para ser admitido, debe referirse, directa o indirectamente, al objeto de la investigación y ser útil para el descubrimiento de la verdad". Anexo 35 a la petición original recibida el 24 de enero de 2007.

[53]   Juez Vigésimo Quinto de Control, oficio 25 C-482-05, decisión del 11 de mayo de 2005. Anexo 44 a la petición original recibida el 24 de enero de 2007.

[54]   Ver decisión de la Sala 9 de la Corte de Apelaciones del 6 de julio de 2005. Anexo 45 a la petición original recibida el 24 de enero de 2007.

[55]   Solicitud de nulidad de la Fiscal provisoria del 30 de junio de 2005. Anexo 12 a la petición original recibida el 24

[56]   Solicitud de nulidad de la Fiscal provisoria del 30 de junio de 2005. Anexo 19 a la petición original recibida el 24 de enero de 2007.

falsedad de las imputaciones hechos (sic) por el abogado ALLAN BREWER CARIAS y sus defensores[57]

104.   La Fiscal solicitó la nulidad absoluta con el fundamento de que se trataba de testigos referenciales cuyas declaraciones carecían de valor probatorio a la luz de la normativa vigente, al respecto señaló

De las innumerables pruebas solicitadas por los defensores, han sido acordadas casi en su totalidad, como consecuencia de lo cual es igualmente falso que se haya hecho caso omiso a la petición de evacuación de pruebas, las declaraciones de NELSON MEZERHANE, NELSON SOCORRO, YAHAIRA ANDUEZA Y LEOPOLDO BAPTISTA, que pretenden que el Ministerio Público entreviste a los fines de que tenga conocimiento de lo que el abogado ALLAN BREWER CARIAS les dijo a ellos, como si el solicitando ya no se lo haya hecho saber a la representación fiscal y pretendiendo incorporar pruebas de testigos referenciales que tenían valor legal en la vigencia del Código de Enjuiciamiento Criminal, por lo que a criterio del Ministerio Público las testimoniales no eran ni son necesarias para esclarecer los hechos y así se les hizo saber por escrito en su oportunidad legal. [58]

105.   El 10 de junio de 2005 el Juez Bognanno solicitó a la Fiscal Provisoria Sexta que le remitiera el expediente, y ella le requirió el 27 de junio de 2005 "..., se sirva indicar a esta representación fiscal la norma en que fundamenta su solicitud, y que le imponga al Ministerio Público la obligación de informar y de remitir las actua-

---

[57]   Solicitud de nulidad de la Fiscal provisoria del 30 de junio de 2005. Anexo 12 y 19 a la petición original recibida el 24 de enero de 2007.

[58]   Solicitud de la Fiscal de declaratoria de nulidad de la orden de expedición de copias de las actuaciones del 30 de junio de 2005 de la Fiscal Provisoria Sexta de Control. Anexo 12 a la petición original recibida el 24 de enero de 2007

ciones que cursan ante el mismo"[59]. El mismo día el juez remitió una comunicación al Fiscal Superior del Ministerio Público del Área Metropolitana de Caracas informándole sobre presuntas acciones obstructoras por parte de la Fiscal Provisoria Sexta que lleva la causa seguida al señor Carmona Estanga y otros, al no informar al Tribunal sobre el plazo fijado por el Ministerio Público para presentar -luego de pasados seis meses desde la individualización de los imputados- su acto conclusivo y solicitando al Ministerio que "asuma una actitud objetiva, dirigida a colaborar y no ha (sic) obstaculizar la actuación del órgano jurisdiccional"[60]. Manuel Bognanno fue suspendido de su cargo el 29 de junio de 2005 y se designó a José Alonso Dugarte Ramos como Juez Temporal en sustitución de Manuel Antonio Bognanno en el Tribunal de Primera Instancia del Circuito Judicial Penal - Área Metropolitana de Caracas[61.]

106. El 6 de julio de 2005 la Corte de Apelaciones declaró nula la decisión del Juez Temporal Vigésimo Quinto y ordenó que otro juez de control se pronuncie respecto del escrito de la defensa[62]. El 10 de agosto de 2005 la defensa presentó un escrito ante el Juez Temporal Vigésimo Quinto insistiendo en la admisión de los testimonios ofrecidos y en el cumplimiento de la decisión de la Corte de Apelaciones[63].

---

[59]   Escrito de la Fiscal Provisoria Sexta al Juez 25 de Control del 127 de junio de 2005. Anexo 13 a la petición original recibida el 24 de enero de 2007

[60]   Oficio N° 632-05 de 27 de junio de 2005. Anexo 14 a la petición original recibida el 24 de enero de 2007

[61]   Ver   http://www.tsj.gov.ve/desinaciones/designacion.asp?fecha id=320

[62]   Decisión de la Sala 9 de la Corte de Apelaciones del 6 de julio de 2005. Anexo 45 a la petición original recibida el 24 de enero de 2007

[63]   Escrito presentado por la defensa el 10 de agosto de 2005 ante el Juez Vigésimo Quinto de Control. Anexo 46 a la petición original recibida el 24 de enero de 2007

107. El 28 de septiembre de 2005, Allan Brewer Carias se ausentó de Venezuela[64]. El mismo día la defensa solicitó que se cite a rendir testimonio a Lucas Hincón con un pliego de preguntas[65]. El 30 de septiembre de 2005 la defensa presentó un escrito de promoción de prueba anticipada de declaración de Pedro Carmona Estanga ante el Juez Temporal Vigésimo Quinto[66]. El 5 de octubre de 2005 Lucas Rincón fue entrevistado por la Fiscalía respecto de las preguntas solicitadas por la defensa[67]. El 18 de octubre de 2005 la defensa solicitó nuevamente que se tome la declaración de Pedro Carmona Estanga[68]. El 20 de octubre de 2005 la solicitud sobre Carmona Estanga fue declarada improcedente[69] con fundamento en que Pedro Carmona Estanga también se encontraba imputado en la causa por lo que su declaración no tendría valor probatorio. El juez Temporal Vigésimo Quinto fue recusado por la defensa al haber emitido opinión nuevamente sobre la misma cuestión.

108. El 21 de octubre de 2005 la Fiscal Provisoria Sexta formalizó la acusación contra Allan Brewer Carias, se solicitó la privación judicial preventiva de libertad de los acusados y el proceso pasó a etapa intermedia[70].

109. El 26 de octubre de 2005 la defensa de Allan Brewer Carias solicitó al Juez Temporal Vigésimo Quinto que se garantizara su derecho a ser juzgado en libertad y la declaratoria anticipada de la improcedencia de su privación de libertad durante el juicio, por

---

[64] Escrito de los peticionarios de 30 de noviembre de 2009, pág. 94

[65] Anexo 27 a la petición original recibida el 24 de enero de 2007

[66] Anexo 29 a la petición original recibida el 24 de enero de 2007

[67] Anexo 28 a la petición original recibida el 24 de enero de 2007

[68] La defensa solicita prueba anticipada, 18 de octubre de 2005. Anexo 32 a la petición original recibida el 24 de enero de 2007

[69] Decisión del Vigésimo Quinto de Control del 20 de octubre de 2005. Anexo 30 a la petición original recibida el 24 de enero de 2007

[70] Acusación fiscal. Anexo 48 a la petición original recibida el 24 de enero de 2007. En dicha acusación la Fiscal también acusó a otras dos personas

tratarse de una persona no peligrosa, laboral y académicamente activa, con residencia y arraigo en el país[71]. El juez no se habría pronunciado sobre esta solicitud.

110. La acusación fue apelada por la defensa el 28 de octubre de 2005[72]. El 8 de noviembre de 2005, en su escrito de contestación a la acusación contra Allan Brewer Carias, la defensa solicitó la nulidad de todo lo actuado con fundamento en violaciones a las garantías judiciales[73].

111. El 13 de diciembre de 2005 y 31 de enero de 2006 varios Magistrados del Tribunal Supremo de Justicia remitieron carta al Instituto Interamericano de Derechos Humanos y al Instituto Iberoamericano de Derecho Procesal Constitucional en el que indicaron que

> Numerosos testimonios que son de conocimiento público señala al Dr. Brewer-Carías como uno de los autores del decreto en alusión [...]. Naturalmente, este asunto debe ventilarse frente al juez natural aquí en Venezuela con todas las garantías [...]. Estamos seguros que el Dr. Brewer-Carías se apersonará para responsablemente aclarar su situación frente a la ley[74].

112. La recusación del Juez Temporal Vigésimo Quinto fue denegada el 30 de enero de 2006 con fundamento en que el juez no

---

[71] Apelación de la defensa contra la solicitud del Fiscal ante el Juez Vigésimo Quinto de Control recibida el 26 de octubre de 2005. Anexo 49 a la petición original recibida el 24 de enero de 2007

[72] Apelación de la defensa contra la .acusación del Fiscal ante el Juez Vigésimo Quinto de Control recibida el 28 de octubre de 2005. Anexo 47 a la petición original recibida el 24 de enero de 2007

[73] Contestación de la defensa a la acusación contra Allan Brewer Carias del 8 de noviembre de 2006. Anexo 2 a la petición original recibida el 24 de enero de 2007

[74] Anexos 15 y 16 a la petición original recibida el 24 de enero de 2007

había emitido pronunciamiento sobre la culpabilidad o inocencia de Allan Brewer Carias[75].

113.   El 10 de mayo de 2006 la defensa informó al Juez Temporal Vigésimo Quinto que Allan Brewer Carias había aceptado la designación como profesor adjunto en la Facultad de Derecho de la Universidad de Columbia en los EEUU y solicitaron que continuara el proceso[76]. En dicho escrito se señala que Brewer Carias

> [...] que la Ilustre Universidad de Columbia le ha brindado [a Brewer Carias] la oportunidad de realizar un viejo anhelo profesional ...ha tomado la decisión de esperar a que se presenten las condiciones idóneas para obtener un juicio imparcial y con respeto de sus garantías ...a fin de que tome la decisión que crea conveniente y continúe adelante con el proceso, todo ello a fin de no causar ninguna dilación, ni perjuicios a los demás encausados en la presente causa[77].

114.   El 2 de junio de 2006 la Fiscal Provisoria Sexta solicitó al Juez el dictado de medida privativa de libertad contra Allan Brewer Carias por peligro de fuga[78]. El 6 de junio de 2006 la Fiscal Provisoria Sexta ofreció la declaratoria periodística de Francisco Usón[79]. El 15 de junio de 2006 el Juez Temporal Vigésimo Quinto acordó la medida de privación judicial preventiva de libertad N° 010-06 en

---

[75]   Anexo 33 a la petición original recibida el 24 de enero de 2007

[76]   Escrito de la Defensa de 10 de mayo de 2006. Anexo 50 a la petición original recibida el 24 de enero de 2007

[77]   Escrito de la Defensa de 10 de mayo de 2006. Anexo 50 a la petición original recibida el 24 de enero de 2007

[78]   Anexo 51 a la petición original recibida el 24 de enero de 2007

[79]   Anexo 38 a la petición original recibida el 24 de enero de 2007. En su solicitud la Fiscal consignó el ejemplar de *Ultimas Noticias* del 6 de junio de 2006, pág. 30. Entrevista hecha al General Usón: "observé a Allan Brewer trabajar afanosamente en uno de los cubículos de la Ayudantía General del Ejército. Minutos después, en mi presencia, él mismo le dijo a una persona que me acompañaba: '...con este decreto volveremos a la Constitución de 1961'". Anexo 38 a la petición original recibida el 24 de enero de 2007.

contra del acusado[80]. La orden de aprehensión fue remitida tanto al Director del Cuerpo de Investigaciones Científicas, Penales y Criminalísticas como a la Dirección de INTERPOL[81]. Dicha medida no ha sido ejecutada dado que a la fecha Allan Brewer Carias permanece en el extranjero.

115. El 22 de febrero de 2007 la defensa de José Gregorio Vásquez, acusado conjuntamente con Allan Brewer Carias, solicitó al Juez Temporal Vigésimo Quinto -que en vista de que la medida privativa de libertad contra Allan Brewer Carias no podía ejecutarse dado que él se encontraba en el extranjero-, separe esa causa del proceso penal a fin de que se lleve a cabo la audiencia preliminar. El 20 de julio de 2007 el Juez decidió no separar la causa por cuanto el Tribunal se pronunciará en la audiencia preliminar[82]. En dicha decisión el Tribunal señaló

[...] en el caso de marras, el acto de la Audiencia Preliminar no ha sido diferido por incomparecencia del Ciudadano ALLAN R. BREWER CARÍAS, al contrario los diversos diferimientos que cursan el (sic) las actas del presente expediente han sido en virtud de las numerosas solicitudes interpuestas por los distintos defensores de los Imputados. No han sido por la ausencia contumaz del imputado antes emocionado, por el contrario, han sido producto de las innumerables solicitudes de diferimientos de la propia defensa[83].

---

[80] Decisión del Juez Provisorio de Control del 15 de junio de 2006, dicta medida preventiva de privación de libertad contra Allan Brewer Carías. Anexo 52 a la petición original recibida el 24 de enero de 2007

[81] Anexo 23 a la petición original recibida el 24 de enero de 2007

[82] Decisión del Juzgado Vigésimo Quinto de 20 de julio de 2007. Anexo 55 al escrito de los peticionarios recibido el 3 de enero de 2008

[83] Decisión del Juzgado Vigésimo Quinto de 20 de julio de 2007. Anexo 55 al escrito de los peticionarios recibido el 3 de enero de 2008

116. El 11 de julio de 2006, el Embajador de Venezuela en República Dominicana dirigió una comunicación a la INTERPOL, solicitando la captura de Allan Brewer Carias con motivo de una invitación para dictar una conferencia en ese país[84]. El 12 de julio de 2006 la Fiscal Provisoria Sexta cursó una solicitud de cooperación a la INTERPOL para la búsqueda y localización de Allan Brewer Carias, con miras a su detención preventiva y a su posible extradición[85]. En respuesta, la INTERPOL solicitó información a los tribunales sobre el carácter del delito imputado a Brewer Carias como de derecho común[86]. El 1° de junio de 2007 la Comisión de Control de Expedientes de INTERPOL concluyó que la naturaleza de la acción tomada en contra de Allan Brewer Carias era predominantemente política por lo que consecuentemente recomendó que la Secretaría General de INTERPOL borrara el registro de Allan Brewer Carias[87]. Mediante aclaratoria del 17 de septiembre de 2007 el Tribunal de Primera Instancia en Función de Control del Circuito Judicial del Área Metropolitana de Caracas respondió que Allan Brewer Carias sería el autor intelectual de un atentado frustrado en contra del Presidente de la República, por lo que quedaba desvirtuada la naturaleza de delito político de la imputación[88]. La defensa apeló y solicitó que dicha aclaratoria fuera anulada. Dicha apelación fue desestimada el 29 de octubre de 2007[89]

117. Según lo publicado, la Fiscal General de la República, Luisa Ortega Díaz (ex Fiscal Provisoria Sexta), en referencia a la inves-

---

[84] Anexo 23 a la petición original recibida el 24 de enero de 2007

[85] Ver Respuesta del Juzgado Vigésimo Quinto a INTERPOL. Anexo 57 al escrito de los peticionarios recibido el 3 de enero de 2008

[86] Comunicación de INTERPOL de 27 de julio de 2007. Anexo 56 al escrito de los peticionarios recibido el 3 de enero de 2008

[87] Carta de INTERPOL de 1° de agosto de 2007. Anexo al escrito de los peticionarios de 18 de febrero de 2010

[88] Respuesta del Juzgado Vigésimo Quinto a INTERPOL. Anexo 57 al escrito de los peticionarios recibido el 3 de enero de 2008

[89] Apelación de la defensa. Anexo 58 al escrito de los peticionarios recibido el 3 de enero de 2008

tigación contra Allan Brewer Carias, declaró a la prensa: "cuando conduje esa investigación el abogado BC, ya siendo acusado, fue convocado para la audiencia preliminar, y a través de sus abogados envió una comunicación donde decía que no creía en la justicia venezolana, que la justicia venezolana no le daba garantía a ningún ciudadano incluso a él, que por eso optaba por irse del país y que no regresaría hasta tanto no cambiara el Gobierno"[90].

118.   El 11 de enero de 2008 los representantes de Allan Brewer Carias interpusieron ante el Juez Temporal Vigésimo Quinto una solicitud de sobreseimiento[91] con base en el Decreto 5790 con Rango, Valor y Fuerza de Ley Especial de Amnistía, dictado el 31 de diciembre de 2007 por el Presidente Hugo Chávez. Dicha norma, dirigida a "todas aquellas personas que enfrentadas al orden general establecido, y que a la presente fecha se encuentren a derecho y se hayan sometido a los procesos penales, que hayan sido procesadas y condenadas", incluye entre las conductas sujetas a amnistía "la redacción del Decreto del Gobierno de facto del (12) de abril de 2002"[92]. La solicitud fue denegada el 25 de enero de 2008 con base en que Allan Brewer Carias no había comparecido en el proceso. Dicha denegatoria fue apelada por la defensa[93], y la apelación fue a su vez denegada el 3 de abril de 2008.[94] El proceso se encuentra en etapa preliminar ante el Juzgado 25 de Control, ante el cual a enero de 2008 la defensa sí tenía acceso a los expedientes. El 23 de noviembre de 2009 en vista de que se le había informado informal-

---

[90]   Diario *El País*, entrevista a Luisa Ortega Díaz de 8 de enero de 2008. Anexo 71 al escrito de los peticionarios recibido el 30 de noviembre de 2009

[91]   Solicitud de sobreseimiento. Anexo 74 al escrito de los peticionarios recibido el 30 de noviembre de 2009

[92]   *Gaceta Oficial* N° 5.870 Extra, del 31-12-2007. Art. 1A. Anexo 70 al escrito de los peticionarios recibido el 30 de noviembre de 2009

[93]   Escrito de apelación de 7 de febrero de 2008. Anexo 75 al escrito de los peticionarios recibido el 30 de noviembre de 2009

[94]   Ver escrito de la defensa. Anexo 76 al escrito de los peticionarios recibido el 30 de noviembre de 2009

mente que el expediente no se encuentra físicamente en la sede del despacho del Juez Temporal Vigésimo Quinto, la defensa le solicitó su ubicación para solicitar copias certificadas[95].

B. *Determinaciones de derecho*

1. *Derecho a las garantías judiciales y la protección judicial (Artículos 8.1 y 25 de la Convención Americana en relación con su artículo 1.1)*

119. El artículo 8.1 de la Convención Americana establece que

[t]oda persona tiene derecho a ser oída, con las debidas garantías y dentro de un plazo razonable, por un juez o tribunal competente, independiente e imparcial, establecido con anterioridad por la ley, en la sustanciación de cualquier acusación penal formulada contra ella, o para la determinación de sus derechos y obligaciones de orden civil, laboral, fiscal o de cualquier otra índole.

120. Por su parte, el artículo 25 de la Convención establece:

Toda persona tiene derecho a un recurso sencillo y rápido o a cualquier otro recurso efectivo ante jueces o tribunales competentes, que la ampare contra actos que violen sus derechos fundamentales reconocidos por la Constitución, la ley o la presente Convención, aun cuando tal violación sea cometida por personas que actúen en ejercicio de sus funciones oficiales.

1) Los Estados Partes se comprometen:

a) a garantizar que la autoridad competente prevista por el sistema legal del Estado decidirá sobre los derechos de toda persona que interponga tal recurso;

b) a desarrollar las posibilidades de recurso judicial; y

---

[95]   Escrito de la defensa. Anexo 76 al escrito de los peticionarios recibido el 30 de noviembre de 2009

c) a garantizar el cumplimiento, por las autoridades competentes, de toda decisión en que se haya estimado procedente el recurso.

121. El artículo 1.1 de la Convención Americana establece que

Los Estados partes en esta Convención se comprometen a respetar los derechos y libertades reconocidos en ella y a garantizar su libre y pleno ejercicio a toda persona que esté sujeta a su jurisdicción, sin discriminación alguna por motivos de raza, color, sexo, idioma, religión, opiniones políticas o de cualquier otra índole, origen nacional o social, posición económica, nacimiento o cualquier otra condición social.

122. El artículo 2 de la Convención Americana establece que

Si en el ejercicio de los derechos y libertades mencionados en el artículo 1° no estuviere ya garantizado por disposiciones legislativas o de otro carácter, los Estados partes se comprometen a adoptar, con arreglo a sus procedimientos constitucionales y a las disposiciones de esta Convención, las medidas legislativas o de otro carácter que fueren necesarias para hacer efectivos tales derechos y libertades.

a. *Derecho a un juez imparcial e independiente*

123. En primer término, la Comisión analizará los alegatos sobre la falta de independencia e imparcialidad de los fiscales y jueces encargados de la investigación y el proceso seguido contra Allan Brewer Carias. Asimismo, analizará los alegatos respecto a que la legislación nacional no es adecuada en cuanto al nombramiento y permanencia en el cargo de los jueces y fiscales, para hacer efectivos los derechos de Allan Brewer Carias a ser oído por un tribunal independiente e imparcial.

124. Al respecto, cabe resaltar que la independencia judicial es una garantía esencial para que los sistemas judiciales desarrollen adecuadamente su función en una sociedad democrática. De esta garantía depende la legitimidad de las decisiones de los jueces y en consecuencia, la legitimidad del Poder Judicial. En este sentido, la

Comisión recuerda la importancia del deber del Estado de garantizar y promover la independencia e imparcialidad de la judicatura[96]. Asimismo, la Corte Interamericana ha considerado que uno de los objetivos principales que tiene la separación de los poderes públicos, es la garantía de la independencia de los jueces y, para tales efectos, los diferentes sistemas políticos han ideado procedimientos estrictos, tanto para su nombramiento como para su destitución[97] y ha establecido "que el principio de independencia judicial constituye uno de los pilares básicos de las garantías del debido proceso, motivo por el cual debe ser respetado en todas las áreas del procedimiento y ante todas las instancias procesales en que se decide sobre los derechos de la persona. La Corte ha considerado que el principio de independencia judicial resulta indispensable para la protección de los derechos fundamentales, por lo que su alcance debe garantizarse inclusive, en situaciones especiales, como lo es el estado de excepción"[98].

125.   En el presente caso la Comisión ha considerado probado que entre el 2002 y el 2005 al menos cuatro fiscales provisorios investigaron los hechos que rodearon la redacción del "Decreto

---

[96]   *Cfr.* Corte I.D.H. Caso *Reverón Trujillo Vs. Venezuela*. Sentencia de 30 de junio de 2009. Serie C N° 197, párr. 67. *Cfr.* CIDH Informe 48/00 Caso 11.166 Fondo, Walter Humberto Vásquez Bejarano, Perú, 13 de abril de 2000, párr. 44.

[97]   *Cfr.* Corte I.D.H. *Caso del Tribunal Constitucional* vs. *Perú.* Fondo, Reparaciones y Costas. Sentencia de 31 de enero de 2001. Serie C N° 71, párr. 73, y *Caso Apitz Barbera y otros ("Corte Primera de lo Contencioso Administrativo") Vs. Venezuela.* Excepción Preliminar, Fondo, Reparaciones y Costas. Sentencia de 5 de agosto de 2008. Serie C N° 182, párr. 55

[98]   Corte I.D.H. *Caso Reverón Trujillo Vs. Venezuela.* Sentencia de 30 de junio de 2009. Serie C N° 197, párr. 68. *Cfr.* El Hábeas Corpus Bajo Suspensión de Garantías (arts. 27.2, 25.1 y 7.6 Convención Americana sobre Derechos Humanos). Opinión Consultiva OC-8/87 del 30 de enero de 1987. Serie A N° 8, párr. 30, y Garantías Judiciales en Estados de Emergencia (arts. 27.2, 25 y 8 Convención Americana sobre Derechos Humanos), Serie A N° 9 de 30 de enero de 1987, párr. 20.

Carmona", entre otros hechos relacionados con los eventos que se produjeron entre el 11 y el 13 de abril de 2002. Asimismo, ha dado por probado que el 27 de enero de 2005, la Fiscal Provisoria Sexta imputó a Allan Brewer Carias y que tanto la investigación como el proceso penal fueron adelantados en su etapa preliminar por Jueces Temporales.

126. En cuanto el contexto, la Comisión ha considerado proba-do que los Jueces que integraban la Sala Diez de la Corte de Apela-ciones y que el 31 de enero de 2005 votaron por la nulidad de la orden de prohibición de salida del país de 27 imputados por su pre-sunta participación en los hechos investigados -relacionados con la emisión del "Decreto Carmona"- fueron suspendidos de sus cargos el 3 de febrero de 2005 por la Comisión Judicial del Tribunal Su-premo de Justicia. Asimismo, dicha Comisión suspendió de su car-go a la Jueza Temporal Josefina Gómez Sosa por no haber motiva-do suficientemente la mencionada orden de prohibición de salida del país.

127. La Comisión ha también dado por probado que el Juez de Control Manuel Bognanno quien sustituyó a la Jueza Gómez Sosa también fue suspendido de su cargo el 29 de junio de 2005 tras ofi-ciar, el 27 de junio de 2005, al Fiscal Superior del Ministerio Públi-co del Área Metropolitana de Caracas a fin de informarle sobre pre-suntas "acciones obstructoras" por parte de la Fiscal Provisoria Sex-ta en el proceso penal contra Allan Brewer Carias, al no informar al Tribunal sobre el plazo fijado por el Ministerio Público para presen-tar su acto conclusivo y solicitó al Ministerio que "asuma una acti-tud objetiva, dirigida a colaborar y no ha (sic) obstaculizar la actua-ción del órgano jurisdiccional".

128. En su Informe sobre Venezuela de 2003 la Comisión esta-bleció que los jueces provisionales son aquellos que no gozan de la garantía de estabilidad en el cargo y pueden ser removidos o sus-pendidos libremente, lo que podría suponer un condicionamiento a la actuación de estos jueces, en el sentido de que no pueden sentirse jurídicamente protegidos frente a indebidas interferencias o presio-

nes provenientes del interior o desde fuera del sistema judicial[99]. La Comisión señaló que un alto porcentaje de jueces provisionales afectaba seriamente el derecho de la ciudadanía a una adecuada administración de justicia y el derecho del magistrado a la estabilidad en el cargo como garantía de independencia y autonomía en la judicatura[100].

129. En diciembre de 1999, luego de la sanción de la nueva Constitución, la Asamblea Nacional Constituyente dispuso el llamado "Régimen de Transición del Poder Público"[101]. La CIDH observó con preocupación que este régimen avanzó más allá de la normal y debida temporalidad, e incluyó directrices de contenido legislativo que escapaban a la naturaleza de un régimen transitorio[102]. Las actuaciones de la Comisión de Emergencia Judicial y posteriormente de la Comisión de Reestructuración y Funcionamiento del Sistema Judicial fueron objeto de cuestionamientos en torno a que no se habrían preservado las garantías del debido proceso con respecto a los nombramientos y destituciones de los magistrados. En su Informe la CIDH dio cuenta de que en algunas oca-

---

[99]   CIDH. *Informe sobre la Situación de los Derechos Humanos en Venezuela de 2003*. OEA/Ser.L/V/11.118. Doc. 4 rev. 1, 24 de octubre de 2003, párr. 159.

[100] CIDH. *Informe sobre la Situación de los Derechos Humanos en Venezuela de 2003*. OEA/Ser.L/V/11.118. Doc. 4 rev. 1, 24 de octubre de 2003, párr. 160. La información proporcionada a la Comisión para 2003 indicaba que más del 80% de los jueces venezolanos eran "provisionales". Esta situación fue también objeto de preocupación del Comité de Derechos Humanos del Pacto Internacional de Derechos Civiles y Políticos. CIDH. *Informe sobre la Situación de la Derechos Humanos en Venezuela de 2003*. OEA/Ser.L/V/11.118. Doc. 4 rev. 1, 24 de octubre de 2003, párr. 163.

[101] CIDH. *Informe sobre la Situación de los Derechos Humanos en Venezuela de 2003*. OEA/Ser.L/V/11.118. Doc. 4 rev. 1, 24 de octubre de 2003, párr. 166.

[102] CIDH. *Informe sobre la Situación de los Derechos Humanos en Venezuela de 2003*. OEA/Ser.L/V/11.118. Doc. 4 rev. 1, 24 de octubre de 2003, párr. 166.

siones, los jueces provisionales habrían sido nombrados sin reunir los requisitos para el cargo[103] y que los nombramientos no habrían respetado la realización de los concursos de oposición establecida en el artículo 255 de la Constitución venezolana[104].

130. En su Informe sobre Venezuela de 2006, en su Capítulo IV del Informe Anual del año 2006 y en su Informe Democracia y Derechos Humanos en Venezuela de 2009 la CIDH ha manifestado su preocupación por la situación de los fiscales en Venezuela, recordando que además de los posibles vicios de independencia e imparcialidad que pueden subyacer a las constantes destituciones y nuevas designaciones, la provisionalidad y correlativa ausencia de estabilidad laboral de los funcionarios encargados de iniciar e impulsar las investigaciones en materia penal, necesariamente se puede ver reflejada también en dificultades en la determinación, continuidad y finalización de líneas específicas de investigación así como en el incumplimiento de plazos en la etapa de investigación. Señaló que los cambios de fiscales instructores tienen efectos negativos en el impulso de las investigaciones correspondientes, si se tiene en cuenta la importancia, por ejemplo, de la constitución y evaluación continua del acervo probatorio. Consideró que esta situación puede tener consecuencias negativas frente a los derechos de las víctimas en el marco de procesos penales relacionados con violaciones de derechos humanos[105].

131. Con relación a la provisionalidad de los jueces, la Corte Interamericana, por su parte, ha señalado que la permanencia de los jueces en su cargo es un presupuesto esencial de la independencia

---

[103]   CIDH. *Informe sobre la Situación de los Derechos Humanos en Venezuela de 2003*. OEA/Ser.L/V/11.118. Doc. 4 rev. 1, 24 de octubre de 2003, párr. 168.

[104]   CIDH. *Informe sobre la Situación de los Derechos Humanos en Venezuela de 2003*. OEA/Ser.L/V/11, 118. Doc. 4 rev. 1, 24 de octubre de 2003, párr. 169.

[105]   CIDH. Informe *Democracia y Derechos Humanos en Venezuela*, OEA/Ser.L/V/ll. Doc. 54, 30 de diciembre de 2009, párr. 229.

judicial[106·] Asimismo, la Comisión en su Informe Democracia y Derechos Humanos en Venezuela ha señalado que la estabilidad en el cargo de los jueces y fiscales es indispensable para garantizar su independencia frente a los cambios políticos o de gobierno[107].

132. Al respecto, los Principios Básicos de las Naciones Unidas Relativos a la Independencia de la Judicatura establecen que "[l]a ley garantizará la permanencia en el cargo de los jueces por los períodos establecidos" (Principio 11) y que "[s]e garantizará la inamovilidad de los jueces, tanto de los nombrados mediante decisión administrativa como de los elegidos, hasta que cumplan la edad para la jubilación forzosa o expire el período para el que hayan sido nombrados o elegidos, cuando existan normas al respecto" (Principio 12)[108].

133. En 2009, la Comisión en su Informe Democracia y Derechos Humanos en Venezuela señaló que la provisionalidad y no titularidad de los jueces implica que pueden ser fácilmente removidos cuando adoptan decisiones que podrían afectar los intereses del gobierno, lo que compromete la independencia del poder judicial venezolano[109]. Al respecto, la jurisprudencia del año 2000 de la Sala Político Administrativa del Tribunal Supremo de Justicia de Vene-

---

[106] Corte I.D.H., *Caso del Tribunal Constitucional Vs, Perú.* Sentencia de 31 de enero de 2001. Serie C N° 71, párr. 75. *Caso Apitz Barbera y otros ("Corte Primera de lo Contencioso Administrativo") Vs. Venezuela.* Sentencia de 5 de agosto de 2008. Serie C N° 182, párr. 138.

[107] CIDH. *Informe Democracia y Derechos Humanos en Venezuela,* OEA/Ser.L/V/11. Doc. 54, 30 de diciembre de 2009, párr. 229.

[108] Naciones Unidas. Principios Básicos relativos a la Independencia de la judicatura. Adoptados por el Séptimo Congreso de las Naciones Unidas sobre Prevención del Delito y Tratamiento del Delincuente, celebrado en Milán del 26 de agosto al 6 de septiembre de 1985, y confirmados por la Asamblea General en sus resoluciones 40/32 de 29 de noviembre de 1985 y 40/146 de 13 de diciembre de 1985. *Cfr.* Corte I.D.H., *Caso del Tribunal Constitucional Vs, Perú.* Sentencia de 31 de enero de 2001. Serie C N° 71, párr. 71.

[109] CIDH. *Informe Democracia y Derechos Humanos en Venezuela,* OEA/Ser.L/V/lI, Doc. 54, 30 de diciembre de 2009, párr. 253.

zuela que además ha sido reiterada por la misma Sala y reafirmada por la Sala Constitucional, sostuvo que

> quienes ocupen un cargo para el cual no hubieren concursado, carecen del derecho a la estabilidad judicial] y, en consecuencia, podrán ser removidos del cargo en cuestión en las mismas condiciones en que el mismo fue obtenido, es decir, sin que exista para la Administración competente la obligación de fundamentar dicha separación en las disposiciones que componen el régimen disciplinario aplicable -se insiste- sólo a los jueces de carrera, esto es, a aquellos que ocupan un cargo previo concurso de oposición[110].

134. La Comisión ha señalado que por circunstancias excepcionales, en ocasiones puede ser necesario nombrar jueces con un carácter temporal, pero esos jueces no sólo deben ser nombrados mediante un procedimiento adecuado, sino que además deben tener garantías de cierta inamovilidad en sus cargos[111]. La Corte Interamericana, por su parte, ha explicado que "la garantía de la inamovilidad se traduce, en el ámbito de los jueces provisorios, en la exigencia de que ellos puedan disfrutar de todos los beneficios propios de la permanencia hasta tanto acaezca la condición resolutoria que pondrá fin legal a su mandato"[112].

135. En su jurisprudencia, la Corte Interamericana ha establecido que los jueces provisorios en Venezuela ejercen exactamente las mismas funciones que los jueces titulares, esto es, administrar justi-

---

[110]   Tribunal Supremo de Justicia de Venezuela, Sala Político Administrativa. Sentencia N° 02221 emitida el 28 de noviembre de 2000 y Tribunal Supremo de Justicia de Venezuela, Sala Político Administrativa. Sentencia N° 1798 de 19 de octubre de 2004. Sala Constitucional del Tribunal Supremo de Justicia. Sentencias N° 1413, 5111 y 5116 en CIDH. *Informe Democracia y Derechos Humanos en Venezuela*, OEA/Ser.L/V/11. Doc. 54, 30 de diciembre de 2009, párr. 225.

[111]   *Cfr.* CIDH. *Informe 30/97 Caso 10.087 Fondo, Gustavo Carranza*, Argentina, 30 de septiembre de 1997, párr. 41.

[112]   *Cfr.* Corte I.D.H. *Caso Reverón Trujillo Vs. Venezuela*. Sentencia de 30 de junio de 2009. Serie C N° 197, párr. 117.

cia[113]. En consecuencia, señaló que los justiciables tienen el derecho, derivado de la propia Constitución venezolana y de la Convención Americana, a que los jueces que resuelven sus controversias
sean y aparenten ser independientes. Estableció que para ello, el
Estado debe ofrecer las garantías que emanan del principio de la
independencia judicial, tanto a los jueces titulares como a los provisorios[114]. La Corte ha señalado también que la inamovilidad de los
jueces provisorios está estrechamente ligada a la garantía contra
presiones externas, toda vez que si los jueces provisorios no tienen
la seguridad de permanencia durante un período determinado, serán
vulnerables a presiones de diferentes sectores, principalmente de
quienes tienen la facultad de decidir sobre destituciones o ascensos
en el Poder Judicial[115].

136. Asimismo, la Corte ha establecido que

> [...] los Estados están obligados a asegurar que los jueces
> provisorios sean independientes y, por ello, debe otorgarles
> cierto tipo de estabilidad y permanencia en el cargo, puesto que
> la provisionalidad no equivale a libre remoción. [...] En similar
> sentido, la Corte considera que la provisionalidad no debe
> significar alteración alguna del régimen de garantías para el
> buen desempeño del juzgador y la salvaguarda de los propios
> justiciables. Además, no debe extenderse indefinidamente en el
> tiempo y debe estar sujeta a una condición resolutoria, tal como

---

[113]   Corte I.D.H. Caso *Chocrón Chocrón Vs. Venezuela*. Sentencia de 1
de julio de 2011. Serie C N° 227, párr. 103. Corte IDH. *Cfr*. Caso *Reverón Trujillo Vs. Venezuela*. Sentencia de 30 de junio de 2009. Serie
C N° 197, párr. 114

[114]   Corte I.D.H. Caso *Chocrón Chocrón Vs. Venezuela*. Sentencia de 1
de julio de 2011. Serie C N° 227, párr. 103. Corte IDH. *Cfr*. Caso *Reverón Trujillo Vs. Venezuela*. Sentencia de 30 de junio de 2009. Serie
C N° 197, párr. 114

[115]   Corte I.D.H. Caso *Chocrón Chocrón Vs. Venezuela*. Sentencia de 1
de julio de 2011. Serie C N° 227, párr. 106. Corte IDH. *Cfr*. Caso *Reverón Trujillo Vs. Venezuela*. Sentencia de 30 de junio de 2009. Serie
C N° 197, párr. 117

el cumplimiento de un plazo predeterminado o la celebración y conclusión de un concurso público de oposición y antecedentes que nombre al reemplazante del juez provisorio con carácter permanente, Los nombramientos provisionales deben constituir una situación de excepción y no la regla. De esta manera, la extensión en el tiempo de la provisionalidad de los jueces o el hecho de que la mayoría de los jueces se encuentren en dicha situación, generan importantes obstáculos para la independencia judicial. Esta situación de vulnerabilidad del Poder Judicial se acentúa si tampoco existen procesos de destitución respetuosos de las obligaciones internacionales de los Estados[116].

137. La CIDH ha establecido en su Informe Democracia y Derechos Humanos en Venezuela que el problema de la provisionalidad "afecta por igual a los fiscales en Venezuela, pues todos los fiscales del Ministerio Público son de libre nombramiento y remoción"[117]. Sólo en el año 2008 se designaron 638 fiscales sin que medie un concurso público, sin titularidad, y por tanto de libre nombramiento y remoción[118].

138. En su Informe la CIDH ha manifestado su preocupación por la situación de los fiscales en Venezuela, recordando que además de los posibles vicios de independencia e imparcialidad que pueden subyacer a las constantes destituciones y nuevas designaciones, la provisionalidad y correlativa ausencia de estabilidad laboral de los funcionarios encargados de iniciar e impulsar las investigaciones en materia penal, necesariamente se puede ver reflejada también en dificultades en la determinación, continuidad y finalización de líneas específicas de investigación así como en el incumplimiento de plazos en la etapa de investigación. Indicó que los

---

[116] Corte IDH, Caso *Apitz Barbera y otros ("Corte Primera de lo Contencioso Administrativo")*. Sentencia de 5 de agosto de 2008, Serie C N° 182, párr. 43.

[117] CIDH. *Informe Democracia y Derechos Humanos en Venezuela*, OEA/Ser.L/V/11, Doc, 54, 30 de diciembre de 2009, párr. 264.

[118] CIDH. *Informe Democracia y Derechos Humanos en Venezuela*, OEA/Ser.L/V/11, Doc, 54, 30 de diciembre de 2009, párr. 264.

cambios de fiscales instructores tienen efectos negativos en el impulso de las investigaciones correspondientes, si se tiene en cuenta la importancia, por ejemplo, de la constitución y evaluación continua del acervo probatorio. Señaló que, esta situación puede tener consecuencias negativas frente a los derechos de las víctimas en el marco de procesos penales relacionados con violaciones de derechos humanos[119].

139. La CIDH resaltó también que, durante el acto de inauguración de la Escuela Nacional de Fiscales, en octubre de 2008, la Fiscal General de la República, Luisa Ortega Díaz, reconoció que

[l]a provisionalidad en el ejercicio de los cargos de fiscales, coloca a estos funcionarios en situación de vulnerabilidad ante la influencia que, sobre su actuación, podrían tener factores de poder, en detrimento de la constitucionalidad y de la legalidad de la justicia. La provisionalidad en el ejercicio de los cargos de la función pública es contraria a lo establecido en el artículo 146 de la Constitución de la República Bolivariana de Venezuela, en la que se señala que los cargos de la administración pública son de carrera, a los que se accederá por concurso público[120].

140. La CIDH ya ha manifestado su preocupación por la ausencia de titularidad en los nombramientos de fiscales y ha reiterado la importancia de la implementación adecuada de la carrera fiscal dado el rol fundamental que cumple el Ministerio Público en cuanto al impulso de las investigaciones penales. Asimismo, la Comisión se ha pronunciado sobre la importancia de que los fiscales cuenten con

---

[119] CIDH. *Informe Anual 2006*. Capítulo IV: Desarrollo de los Derechos Humanos en la Región. Venezuela, párr. 167 *e Informe Democracia y Derechos Humanos en Venezuela*, OEA/Ser.L/V/11, Doc. 54, 30 de diciembre de 2009, párr. 265.

[120] Nota de la Fundación Televisora de la Asamblea Nacional. *Inaugurada Escuela Nacional de Fiscales*, Artículo de 6 de octubre de 2008. Disponible en: http://www.antv.gob.ve/m8/noticiam8.asp?id=14946. CIDH. *Informe Democracia y Derechos Humanos en Venezuela*, OEA/Ser.L/V/11. Doc. 54, 30 de diciembre de 2009, párr. 266.

la estabilidad necesaria a fin de garantizar la independencia, imparcialidad e idoneidad de los mismos y asegurar la efectividad de las averiguaciones a fin de eliminar la impunidad, especialmente en los casos de violaciones de derechos humanos[121]. Al respecto, la Comisión considera de suma importancia que los fiscales puedan realizar su labor sin interferencias políticas.

141. En suma, la Comisión estima que el deber estatal de asegurar el cumplimiento de la garantía de estabilidad reforzada frente a jueces y fiscales, se encuentra al margen de si los respectivos funcionarios son nombrados de manera temporal o permanente, pues lo que se pretende proteger a través de la estabilidad es la función judicial en sí misma; y con esta, la protección de los derechos humanos en su conjunto.

142. Respecto a la garantía de independencia judicial y en conexión al artículo 2 de la Convención Americana, la Corte Interamericana ha establecido que el deber general del Estado de adecuar su derecho interno a las disposiciones de la Convención Americana -para garantizar los derechos en ella consagrados- establecido en el artículo 2, incluye la expedición de normas y el desarrollo de prácticas conducentes a la observancia efectiva de los derechos y libertades consagrados en la misma, así como la adopción de medidas para suprimir las normas y prácticas de cualquier naturaleza que entrañen una violación a las garantías previstas en la Convención[122].

143. Conforme a la jurisprudencia de la Corte Interamericana y de la Corte Europea, así como de conformidad con los Principios Básicos de las Naciones Unidas relativos a la independencia de la judicatura se derivan las siguiente garantías de la independencia

---

[121]   CIDH. *Acceso a la Justicia e Inclusión Social. El camino hacia el fortalecimiento de la democracia en Bolivia.* 28 de junio de 2007, párr. 96 e *Informe Democracia y Derechos Humanos en Venezuela,* OEA/Ser.L/V/11. Doc. 54, 30 de diciembre de 2009, párr. 267

[122]   Corte I.D.H., *Caso Reverón Trujillo Vs. Venezuela.* Sentencia de 30 de junio de 2009. Serie C N° 197, párr. 60

judicial: un adecuado proceso de nombramiento, la inamovilidad en el cargo y la garantía contra presiones externas[123].

144.   Con respecto al proceso de restructuración judicial en Venezuela y la normativa sobre la provisionalidad de los jueces la Corte Interamericana ya se ha pronunciado estableciendo que

> [...] desde agosto de 1999 hasta la actualidad, los jueces provisorios no tienen estabilidad en el cargo, son nombrados discrecionalmente y pueden ser removidos sin sujeción a ningún procedimiento preestablecido. Asimismo, en la época de los hechos del presente caso, el porcentaje de jueces provisorios en el país alcanzaba aproximadamente el 80%. En los años 2005 y 2006 se llevó a cabo un programa por medio del cual los mismos jueces provisorios nombrados discrecionalmente lograron su titularización. La cifra de jueces provisorios se redujo a aproximadamente 44% a finales del año 2008[124].

145.   La Comisión observa que esta situación se mantiene hasta la fecha de aprobación del presente informe. Asimismo, la Corte Interamericana ha establecido que el Estado está en el deber de garantizar una apariencia de independencia de la magistratura que inspire legitimidad y confianza suficiente no sólo al justiciable, sino a los ciudadanos en una sociedad democrática[125].

146.   En el presente caso, el proceso penal seguido contra Brewer Carias estuvo a cargo de tres jueces temporales durante la etapa preliminar. Esta situación, constituye -en sí misma- una afectación a las garantías judiciales en el caso concreto. Asimismo, la Comisión observa que el 11 de mayo de 2005, el Juez Temporal Vigésimo Quinto Manuel Bognanno ordenó a la Fiscal Provisoria Sexta permitir a la defensa el acceso total al expediente. El 30 de mayo de

---

[123]   Corte I.D.H., *Caso Reverón Trujillo Vs. Venezuela*. Sentencia de 30 de junio de 2009. Serie C N° 197, párr. 70.

[124]   Corte I.D.H., *Caso Reverón Trujillo Vs. Venezuela*. Sentencia de 30 de junio de 2009. Serie C N° 197, párr. 106.

[125]   Corte I.D.H., *Caso Reverón Trujillo Vs. Venezuela*. Sentencia de 30 de junio de 2009. Serie C N° 197, párr. 67.

2005 la Fiscal Provisoria Sexta solicitó la declaratoria de nulidad de dicha decisión. El 10 de junio de 2005 el Juez Bognanno solicitó a la Fiscal Provisoria Sexta que le remitiera el expediente, y el 27 de junio de 2005 ella le requirió que se le indique la norma que le impone al Ministerio Público la obligación de remitir las actuaciones que cursan ante él. El 27 de junio de 2005 el Juez comunicó al Fiscal Superior del Ministerio Público sobre presuntas "acciones obstructoras" por parte de la Fiscal Provisoria Sexta en la causa y le solicitó al Ministerio Público que "asuma una actitud objetiva, dirigida a colaborar y no ha (sic) obstaculizar la actuación del órgano jurisdiccional". Manuel Bognanno fue suspendido de su cargo el 29 de junio de 2005 y se designó a un nuevo Juez Temporal a cargo del proceso.

147. En suma, el Juez Bognanno fue suspendido y reemplazado dos días después de presentar una queja por la falta de cumplimiento de una orden emitida por él a favor del imputado, a fin de que éste acceda a la totalidad de su expediente. En conexión con el análisis anterior, la Comisión considera que en el presente caso, la normativa y la práctica respecto del nombramiento, destitución y situación de provisionalidad de los jueces en Venezuela afectó el derecho de Allan Brewer Carias a un juez independiente.

148. Con base en las consideraciones que anteceden, la Comisión concluye que el hecho de que el proceso contra Allan Brewer Carias haya sido instruido por fiscales y jueces provisorios que, tal como ha quedado demostrado, implica una falta de garantías de independencia e imparcialidad. Por lo tanto, el Estado no ha arbitrado los medios necesarios para administrar justicia en la investigación y proceso penal seguido contra Allan Brewer Carias, conforme a los artículos 8.1 y 25 en de la Convención Americana, en conexión con sus artículos 1.1 y 2, en su perjuicio.

b. *Medios adecuados para la preparación de la defensa*

149. En segundo término, la Comisión analizará los alegatos relacionados con la supuesta imposibilidad de sacar fotocopias a los

expedientes durante la etapa investigativa, y que a la defensa sólo se le permitió transcribir a mano las distintas piezas del expediente, lo cual les ha impedido la posibilidad oportuna y efectiva de defenderse. Por su parte el Estado alega que cuenta con 17 actas firmadas por el representante legal de Allan Brewer Carias durante el proceso ante el Ministerio Público, donde consta que revisó el expediente, sin observación alguna. Alega que en vista de esto resulta extraño y falso que indiquen que no tuvieron acceso al expediente, o a lo que ellos erróneamente llaman "las pruebas" dentro de la fase de investigación.

150. La Comisión ha dado por probado que el 4 de mayo de 2005 la defensa solicitó al Juez Temporal Vigésimo Quinto la exhibición de todos los videos, la admisión de los testimonios ofrecidos y el acceso a las copias del expediente. El 11 de mayo de 2005, el Juez Temporal Vigésimo Quinto Manuel Bognanno ordenó a la Fiscal Provisoria Sexta permitir a la defensa "el acceso total al expediente y los videos que guarden en relación con la causa...". Por su parte, el 30 de mayo de 2005 la Fiscal Provisoria Sexta solicitó ante el Juez Temporal Vigésimo Quinto y ante la Sala Nueve de la Corte de Apelaciones la declaratoria de nulidad de dicha decisión argumentando que desde la fecha de imputación de Allan Brewer Carias hasta el 9 de mayo de 2005, sus representantes revisaron todas las piezas procesales. Sin embargo, no se habría otorgado a la defensa las copias solicitadas.

151. El 10 de junio de 2005 el Juez Bognanno solicitó a la Fiscal Provisoria Sexta que le remitiera el expediente, y ella le requirió que se sirva indicar la norma en que fundamenta su solicitud, y que le impone al Ministerio Público la obligación de informar y de remitir las actuaciones que cursan ante el mismo. El juez remitió una comunicación al Fiscal Superior del Ministerio Público informándole sobre presuntas acciones obstructoras por parte de la Fiscal Provisoria Sexta, solicitando al Ministerio que asuma una "actitud objetiva", Manuel Bognanno fue suspendido de su cargo el 29 de junio de 2005. El 6 de julio de 2005 la Corte de Apelaciones declaró nula la decisión del Juez Temporal Vigésimo Quinto y ordenó que otro

juez de control se pronuncie respecto del escrito de la defensa. Durante la etapa intermedia del proceso la defensa sí ha tenido acceso a las copias del expediente.

152. Respecto a la solicitud de copias del expediente de la investigación ante el Ministerio Público la jurisprudencia de la Sala de Casación Penal del Tribunal Supremo de Justicia ha establecido que

[...], con respecto a la supuesta vulneración de los derechos a la igualdad, al debido proceso y a la defensa esgrimidos, aduciendo la supuesta falta de respuesta por parte del Ministerio Público, a sus requerimientos de copias certificadas de las actas que conforman la causa que lo involucra, importante es precisar, que el contenido del artículo 304 del código adjetivo vigente, dispone expresamente, que todos los actos de la investigación serán reservados para los terceros, pudiendo ser examinadas las actas por el imputado, su defensor y por la víctima y sus apoderados con poder especial, se haya o no querellado. [...] Debe sumarse, que el artículo 97 de la Ley Orgánica del Ministerio Público establece, que puede acordarse judicialmente la copia, exhibición o inspección de determinado documento, expediente, libro o registro que corresponda al archivo, y se ejecutará la providencia dictada, a menos que el Fiscal General de la República considere que dicho documento, libro, expediente o registro tiene carácter reservado o confidencial.

Esto último se compadece, con la atribución consolidada en cabeza del Ministerio Público, por los artículos 285 de la Carta Fundamental, 108 y 280 del Código Orgánico Procesal Penal, de investigar (con las actuaciones a que hubiere lugar), el acaecimiento de hechos punibles, pudiendo en la etapa de investigación, decretar las reserva de las actas procesales, como bien lo explica el artículo 304 eiusdem, que sería entonces, el único obstáculo establecido para la obtención de copias del expediente[126].

---

[126] Tribunal Supremo de Justicia. Sala de Casación Penal. Sentencia N° 298/2009 Exp. 2009-105 de 18 de junio de 2009. En: http://www.tsj.gov.ve/decisiones/scp/junio/298-18609-2009-a09-105.html. Ver también: "Ello así, se advierte que dentro de este marco constitucional y para concretar la tutela judicial efectiva, el artículo 49 de la Carta Magna consagra el derecho a la defensa, el cual debe estar presente en todas las actuaciones judiciales y administrativas tramitadas por los órganos del poder público en sus relaciones con los ciudadanos, que debe ser inviolable en todo estado de la investigación y del proceso, a fin de garantizar a toda persona el conocimiento previo de los cargos por los que es investigado y las pruebas que obran en su contra, de manera de disponer del tiempo adecuado para reparar los medios con los cuales ejercer su defensa y, primordialmente, el derecho a recurrir del fallo adverso en procura de una revisión superior, todo lo cual adquiere mayor trascendencia dentro del ámbito del proceso penal, en el cual se pone en evidencia el poder punitivo del Estado.

Por tanto, los derechos a la defensa y al debido proceso fueron establecidos por el Constituyente como garantía para proteger los derechos humanos de los investigados, que en el desarrollo de un proceso penal tiene como postulado esencial para su ejercicio, el acceso por parte del imputado a las actuaciones adelantadas en la etapa de investigación, a objeto de preparar sus alegatos y desarrollar una adecuada defensa [...].

Ello así se advierte que el artículo 97 de la Ley Orgánica del Ministerio Público señala lo siguiente:

'(...) Podrá acordarse judicialmente la copia, exhibición o inspección de determinado documento, expediente, libro o registro que corresponda al archivo, y se ejecutará la providencia dictada, a menos que el Fiscal General de la República considere que dicho documento, libro, expediente o registro tiene carácter reservado o confidencial'.

Por tanto, al no haber dispuesto el Ministerio Público la reserva de los documentos que integran la investigación N° 24F40NN-0034-05 y, en aplicación del referido artículo 97, esta Sala comparte el criterio de la Sala N° 2 de la Corte de Apelaciones del Circuito Judicial Penal del Estado Zulia, que declaró sin lugar el amparo ejercido por considerar que la actuación del Juzgado Décimo de Primera Instancia en

153. En el presente caso la Comisión nota que la Fiscal Provisoria Sexta no habría decretado la reserva de las actas procesales como "único obstáculo establecido para la obtención de copias del expediente". Dicha Fiscal tampoco acató el requerimiento judicial de brindar acceso al expediente, en vista de que la defensa habría podido examinarlo.

154. En vista de esto, la Comisión considera que el hecho de que durante la investigación penal contra Allan Brewer Carias seguido ante el Ministerio Público se configuró la violación de la garantía judicial establecida en el artículo 8.2.c) de la Convención Americana por la falta "[...] de los medios adecuados para la preparación de su defensa".

c. *Derecho a la protección judicial (plazo razonable)*

155. Seguidamente, la Comisión analizará los alegatos relacionados con la demora en la respuesta de la solicitud de nulidad. Al respecto, la Comisión ha dado por probado que el 8 de noviembre de 2005 la defensa interpuso una solicitud de nulidad de todo lo actuado con fundamento en violaciones a las garantías judiciales. Dicha solicitud de nulidad se presentó en el escrito de contestación y oposición a la acusación. Al respecto, los peticionarios alegan que a la fecha dicha solicitud de nulidad no ha sido resuelta y por lo tanto el proceso continuaría en fase intermedia. Por su parte, el Estado alega que dicha solicitud de nulidad debe ser resuelta en la

---

Funciones de Control de dicho Circuito Judicial Penal, estuvo ajustada a derecho y dentro del ámbito de sus competencias, según lo dispuesto en el artículo 4 de la Ley Orgánica de Amparo sobre Derechos y Garantías Constitucionales, al estimar que, en atención al derecho a la defensa, al debido proceso, a la tutela judicial efectiva y a obtener oportuna respuesta, el imputado puede obtener copias simples de las actas de la investigación para la preparación de su defensa, siempre que el Ministerio Público no haya dispuesto la reserva total o parcial de las actuaciones". Tribunal Supremo de Justicia. Sala de Casación Penal. Sentencia N° 298/2009. Exp. N° 06-0760 de 26 de julio de 2006. En: http://www.tsj.gov.ve/decisiones/scon/Julio/1427-260706-06-0760.htm

audiencia preliminar, la cual no ha podido ser realizada por la ausencia del imputado.

156.   Al respecto, el artículo 191 del COPP establece que

Serán consideradas nulidades absolutas aquellas concernientes a la intervención, asistencia y representación del imputado, en los casos y formas que este Código establezca, o las que impliquen inobservancia o violación de derechos y garantías fundamentales previstos en este Código, la Constitución de la República, las leyes y los tratados, convenios o acuerdos internacionales suscritos por la República[127].

157.   La jurisprudencia del Tribunal Supremo de Justicia ha establecido de manera reiterada, sobre el momento procesal en el cual deben ser resueltas las nulidades que

[...] para el proceso penal, el juez de control durante la fase preparatoria e intermedia hará respetar las garantías procesales, pero el Código Orgánico Procesal Penal no señala una oportunidad procesal para que se pida y se resuelvan las infracciones a tales garantías, lo que incluye las transgresiones constitucionales, sin que exista para el proceso penal una disposición semejante al artículo 10 del Código de Procedimiento Civil, ni remisión alguna a dicho Código por parte del Código Orgánico Procesal Penal.

[...] A juicio de esta Sala, depende de la etapa procesal en que se haga, y si ella se interpone en la fase intermedia, el juez puede resolverla bien antes de la audiencia preliminar o bien como resultado de dicha audiencia, variando de acuerdo a la lesión constitucional alegada, ya que hay lesiones cuya decisión no tienen la urgencia de otras, al no infringir en forma irreparable e inmediata la situación jurídica de una de las partes.

No señala el artículo 328 del Código Orgánico Procesal Penal entre las actuaciones que pueden realizar las partes en la fase

---

[127]   COPP de 4 de diciembre de 2009

intermedia, la petición de nulidades, pero ello lo considera la Sala posible como emanación del derecho de defensa. De ocurrir tal petición de nulidad, el juez de control -conforme a la urgencia debido a la calidad de la lesión y ante el silencio de la ley- podrá antes de abrir la causa a juicio y en cualquier momento antes de dicho acto de apertura resolverla, aunque lo preferible es que sea en la audiencia preliminar, con prioridad a la decisión de los puntos a que se refiere el artículo 330 del Código Orgánico Procesal Penal, a fin de garantizar el contradictorio a las partes, ya que éste es un principio que rige el proceso penal (artículo 18 del Código Orgánico Procesal Penal). Sin embargo, cuando la nulidad coincide con el objeto de las cuestiones previas, la resolución de las mismas debe ser en la misma oportunidad de las cuestiones previas; es decir, en la audiencia preliminar lo que de paso garantiza el derecho de defensa de todas las partes del proceso y cumple con el principio del contradictorio[128].

158. Ya en 2001 el Tribunal había observado que

la convocatoria de la audiencia preliminar no presupone la existencia de una violación del derecho a la seguridad personal y a la defensa del demandante, pues es en la audiencia preliminar cuando el juez de control determina la viabilidad procesal de la acusación fiscal, de la cual dependerá la existencia o no del juicio oral. Es decir, durante la celebración de la audiencia preliminar se determina -a través del examen del material aportado por el ministerio Público- el objeto del juicio y si es 'probable' la participación del imputado en los hechos que se le atribuyen; de modo que la celebración de dicha audiencia no causó perjuicio alguno al imputado de la causa principal [...][129].

---

[128]   Sala Constitucional del Tribunal Supremo de Justicia. Exp. N° 07-0827. Decisión de 20 de julio de 2007

[129]   Sala Constitucional del Tribunal Supremo de Justicia Exp. N° 01-2304 decisión de 16 de noviembre de 2001: Escrito del Ministerio del

159. Asimismo, el Tribunal en su jurisprudencia general ha reiterado que

> [...] el pronunciamiento requerido por el hoy accionante referido a la declaratoria de nulidad de la acusación fiscal, sólo puede realizarse en el acto de audiencia preliminar, acto que no ha sido realizado por la inasistencia del imputado [...] En relación a la falta de pronunciamiento sobre las solicitudes de '...acumulaciones, nulidades y despacho saneador...', a juicio de la Sala, éstas deben ser resueltas en la audiencia preliminar tal como lo dispone el artículo 330 del Código Orgánico Procesal Penal, motivo por el cual la supuesta amenaza o violación de los derechos constitucionales alegados por el accionante, no es de posible realización por parte del referido Juzgado Cuarto de Control [...], toda vez que éste sólo podría pronunciarse sobre la solicitud del acusado en el acto de audiencia preliminar [...][130.]

160. Así, la Comisión observa que la solicitud de nulidad debe ser resuelta en la audiencia preliminar, la cual no se ha realizado por la falta de comparecencia del imputado. En ese sentido, aunque el artículo 327 del COPP de 2005 no establecía explícitamente la presencia del imputado en la audiencia preliminar, la jurisprudencia lo había requerido. La reforma al COPP del año 2009, por su parte, recoge la jurisprudencia y establece que si la audiencia preliminar se hubiere diferido por más de dos ocasiones por incomparecencia de los imputados, el proceso debe continuar con respecto de los demás imputados y el juez deberá realizar la audiencia con los comparecientes, separando de la causa a quien no compareció.

Poder Popular para las Relaciones Exteriores AGEV/000530 del 17 de noviembre de 2009, págs. 43 y 44.

[130] Sala Constitucional del Tribunal Supremo de Justicia Exp. N° 09-0173 decisión de 19 de octubre de 2009. Ver también Sentencia de la Sala Accidental de la Corte de Apelaciones del Circuito Judicial Penal del Estado Sucre de 19 de octubre de 2008.

161. En vista de lo anterior, y dado el hecho de que las reformas del COPP entraron en vigencia en el año 2009 para todos los procesos que se hallaren en curso[131], la Comisión considera que la presencia del imputado es requerida en la audiencia preliminar a modo de que dicho acto se pueda realizar y durante su celebración el juez resuelva la solicitud de nulidad planteada por la defensa del acusado. Por lo tanto, la Comisión considera que no se configura una violación al artículo 25.1 en conexión con el artículo 1.1 de la Convención Americana en perjuicio de Allan Brewer Carias.

2. *Derecho a la libertad de expresión (Artículo 13 de la Convención Americana en relación con su artículo 1.1)*

162. La Convención Americana garantiza a toda persona el derecho a la libertad de pensamiento y expresión. El artículo 13 de dicho instrumento establece, en lo pertinente que "[t]oda persona tiene derecho a la libertad de pensamiento y expresión, Este derecho comprende la libertad de buscar, recibir y difundir informaciones e ideas de toda índole, sin consideración de fronteras, ya sea oralmente, por escrito o en forma de su elección".

163. Por el contenido del derecho asegurado en el artículo 13 de la Convención Americana, la expresión y la difusión de los pensamientos e ideas son indivisibles y la restricción de las posibilidades de divulgación representa un límite al derecho de expresarse libremente. Tal derecho es esencial para el desarrollo y fortalecimiento de la democracia y para el ejercicio pleno de los derechos humanos. El pleno reconocimiento de la libertad de expresión es una garantía fundamental para asegurar el Estado de Derecho y las instituciones democráticas.

---

[131] Primera Disposición Final de la Ley de Reforma Parcial del Código Orgánico Procesal Penal, *Gaceta Oficial* N° 5.930 de 4 de septiembre de 2009 "[e]ste código se aplicara desde su entrada en vigencia, aún para los procesos que se hallaren en curso y para los hechos punibles cometidos con anterioridad, siempre que sean más favorable al imputado o imputada, o acusado o acusada".

164. En el presente caso, no se han aportado elementos tácticos o jurídicos que permitan demostrar o deducir razonablemente que la investigación y proceso penal adelantado contra Allan Brewer Carias buscara silenciar su expresión. Por ello, la Comisión concluye que no ha sido posible configurar la presunta violación del derecho a la libertad de pensamiento y expresión en perjuicio de Allan Brewer Carias.

165. Finalmente, respecto de la supuesta violación del principio de *non refouiement* y la presunta violación del principio de presunción de inocencia la Comisión considera que no se presentaron elementos que requieran un análisis de fondo.

V. CONCLUSIONES

166. Por lo expuesto en el análisis precedente, el Estado venezolano es responsable de la violación de los derechos, contemplados en los artículos 8 y 25 de la Convención Americana, en relación con sus artículos 1.1 y 2, en perjuicio de Allan R. Brewer Carias. Asimismo, la Comisión concluye que el Estado venezolano no es responsable por la violación del derecho contemplado en el artículo 13 de la Convención Americana.

VI. RECOMENDACIONES

167. Con fundamento en los argumentos de hecho y de derecho antes expuestos,

LA COMISIÓN INTERAMERICANA DE DERECHOS HUMANOS RECOMIENDA:

1. Adoptar medidas para asegurar la independencia del poder judicial, reformando a fin de fortalecer los procedimientos de nombramiento y remoción de jueces y fiscales, afirmando su estabilidad en el cargo y eliminando la situación de provisionalidad en que se encuentra la gran mayoría de jueces y fiscales, con el objeto de garantizar la protección y garantías judiciales establecidas en la Convención Americana.

2. En el caso de que el proceso penal contra Allan Brewer Carias avance, poner en práctica las condiciones necesarias para asegurar que la causa sea llevada conforme las garantías y los estándares consagrados en los artículos 8 y 25 de la Convención Americana.

3. Reparar adecuadamente las violaciones de derechos humanos declaradas en el presente informe tanto en el aspecto material como moral.

APÉNDICE II

CONOCIMIENTO DEL CASO DEL PROFESOR ALLAN R. BREWER-CARÍAS POR LA FEDERACIÓN INTERAMERICANA DE ABOGADOS EN LA *XLI CONFE-RENCIA* CELEBRADA EN BUENOS AIRES, EN JUNIO DE 2005

I. EXPOSICIÓN DEL PROFESOR BREWER CARÍAS ANTE EL CONSEJO GENERAL DE LA FEDERACIÓN INTERAMERICANA DE ABOGADOS, EL 29 DE JUNIO DE 2005

Quiero comenzar agradeciendo a la Presidenta de la Federación Interamericana de Abogados por la oportunidad que me ha dado para dirigirme a Ustedes, así como agradecer al Profesor **David Halperin**, de Argentina, por sus generosas palabras de presentación, a los doctores **Arturo de Sola** y **J. Sarmiento Sosa** del Capítulo Venezolano de esta Federación, y al doctor **Rafael Veloz**, representante de la Federación de Colegios de Abogados de Venezuela por el apoyo que me han dado a los efectos de poder expresarles algunos problemas que confronta el ejercicio de la abogacía en Venezuela, particularmente ante la violación del principio de la presunción de inocencia por parte del Ministerio Público de mi país. Tengo el privilegio de que además me acompañen en este momento el profesor **Fortunato González**, Presidente de la Asociación Venezolana de Derecho Constitucional y el Profesor **Asdrúbal Aguiar**, ex Juez de la Corte Interamericana de Derechos Humanos.

Les hablo como abogado, ya con 43 años de ejercicio profesional, en nombre de los abogados venezolanos que están siendo objeto de persecución política de diversa naturaleza, dada la tendencia del gobierno actual y de sus autoridades a criminalizar la disidencia, particularmente con ocasión de los sucesos ocurridos el pasado mes de abril de 2002.

Como seguramente Ustedes recordarán, la anunciada renuncia del Presidente de la República por parte del Jefe de su Alto Mando Militar en la madrugada del día 12 de abril de 2002, provocó una aguda crisis de gobierno, con motivo de lo cual, en mi condición de abogado, fui llamado en esa misma madrugada (a cuyo efecto se me fue a buscar a mi casa), a los efectos de solicitárseme que diera una opinión jurídica sobre un proyecto de decreto de constitución de un gobierno de transición que ya estaba redactado, y que se le había entregado al Sr. Pedro Carmona, quien fue la persona que había requerido mi opinión jurídica.

Aún cuando estuve escasas horas (aproximadamente 3 horas) en el lugar de los acontecimientos (Fuerte Tiuna), pero me pude hacer una idea del contenido de dicho documento, el cual era evidentemente contrario a la Constitución, pues con él se pretendía disolver los Poderes constituidos. Lamentablemente no pude expresarle en esas horas de la madrugada mi opinión al Sr. Carmona, por lo que intenté hacerlo durante horas del mediodía del mismo día, en el Palacio de Gobierno, lo cual tampoco fue posible. En consecuencia, me retiré del lugar, a cuyo efecto es bueno recordar que conforme a Código de Ética del Abogado, a los abogados se nos garantiza no sólo el derecho de rechazar asuntos contrarios a nuestras convicciones personales, incluso políticas, sino también a rechazarlos sin siquiera exponer las razones que tuviéremos para ello.

Sin embargo, mi opinión contraria y adversa al mencionado documento se la pude dar al Sr. Carmona al final de la tarde de ese mismo día, cuando me llamó por teléfono antes del acto en el cual se leería dicho decreto de constitución del gobierno de transición; acto en el cual no estuve presente.

Esa fue toda mi actuación como abogado en ese caso. Sin embargo, en enero de este año 2005, al igual que varios otros abogados, he sido imputado por el Ministerio Público venezolano por el delito de conspiración y rebelión, que castiga a quienes se ponen de acuerdo para cambiar violentamente la Constitución, por supuestamente haber participado en la redacción del mencionado decreto de gobierno de transición, cuando a lo que me limité como abogado fue a dar una opinión jurídica, inclusive adversa, respecto de dicho documento. La imputación fiscal se formuló, por supuesto, sin prueba alguna, solo basada en recortes de prensa –óigase bien–, en recortes de prensa contentivos de artículos de opinión de periodistas –no de noticias–, en los cuales sólo expresaron conjeturas, suposiciones, opiniones o chismes que derivaron del solo hecho de mi presencia en los lugares mencionados.

Los periodistas han sido citados ante el Ministerio Público y todos han confirmado que sus dichos son sólo eso, dichos, ya que ninguno fue testigo presencial de nada de lo que dijeron.

En Venezuela existe un sistema procesal penal de tipo acusatorio, conforme al cual dada la garantía constitucional de la presunción de inocencia, corresponde al Ministerio Público la carga de la prueba de los hechos que pretende imputar a una persona. Por ello, el artículo 8 del Código Orgánico Procesal Penal dispone que "Cualquiera a quien se le impute la comisión de un hecho punible *tiene derecho a que se le presuma inocente y a que se le trate como tal, mientras no se establezca su culpabilidad mediante sentencia firme*"; norma que al consagrar la presunción de inocencia responde a la garantía constitucional establecida en el artículo 49,2 de la Constitución de la República Bolivariana de Venezuela, que también señala que "*Toda persona se presume inocente mientras no se pruebe lo contrario*".

Estas normas condicionan uno de los principios más elementales del proceso penal, que implica que en cuando la fase preparatoria del proceso penal se inicia con una denuncia, la función del Ministerio Público es comprobar lo denunciado, a los efectos de determinar la existencia de un supuesto delito y de establecer las personas supuestamente participantes en el mismo. Por tanto, la primera comprobación que el Ministerio Público debe acometer en la fase preparatoria a través de la investigación penal incluso antes de que un hecho pueda ser penalmente imputado, es la tendiente a establecer *la existencia misma del hecho denunciado*, y si así es, determinar si realmente *el mismo es constitutivo del delito*, como hecho típico, antijurídico y culpable. Y una vez determinada la existencia real del hecho denunciado y su carácter delictual, es que entonces debería procederse a *establecer la participación de las personas en el hecho*, a fin fundamentar la imputación. De manera que una imputación sólo debería tener lugar cuando existan un conjunto de "elementos de convicción" que relacionen una determinada persona con el hecho delictivo, a fin de poderla incriminar.

En este caso nada de ello ha ocurrido, y en lo único que se ha fundamentado la ciudadana Fiscal para imputar la presunta comisión de un delito, como se dijo, ha sido en opiniones (no noticias) de periodistas contenidas en artículos de opinión (recortes de prensa), que contienen historias falsas, pero que el Ministerio Público considera que son "elementos de convicción" del delito de rebelión. Como se ha dicho, conforme a la garantía constitucional de la presunción de inocencia, corresponde al Ministerio Público probar la culpabilidad del imputado, de manera que incluso éste no esta obligado legalmente a probar su inocencia. Esta se presume, por lo que la carga de la prueba en el proceso penal corresponde al Ministerio Público, quien debe probar sus imputaciones y para ello tiene necesariamente que aportar las pruebas pertinentes.

Sin embargo, en una forma asombrosamente inconstitucional, el Ministerio Público en Venezuela, en este caso, ha pretendido invertir la carga de la prueba, lo cual ha sido confesado por la Fiscal que lleva el caso en un escrito presentado ante el respectivo Juez de Control a comienzos de este mes de junio, en el cual ha expuesto el sentido y la orientación que le ha dado y le está dando a la investigación fiscal que adelanta en relación con los sucesos de abril de 2002, pretendiendo que sean los imputados los que tienen que probar que no cometieron delito, cuando en el sistema venezolano es el

Ministerio Público y solamente el Ministerio Público, el órgano obligado a probar los hechos que imputa a cualquier ciudadano.

En el mencionado escrito, presentado a comienzos de este mes de junio de 2005, la Fiscal del Ministerio Público, con ocasión del reclamo que ha formulado uno de los imputados, el Dr. Carlos Ayala Corao, sobre la necesidad de aclaración de la imputación, ha dicho entre otras cosas, que la imputación hecha por ella cumple con los requisitos de ley,

"…por lo que *en todo caso corresponde a la defensa del mismo desvirtuar* ¿porqué (sic) se supone que no conspiró? ¿Las razones por las cuales acompañó al ciudadano Allan Brewer Carías el día de los hechos? ¿Cuáles fueron sus objeciones y oposiciones a la redacción al decreto por medio del cual se suprimieron las instituciones democráticas? *¿porqué (sic) no fue redactor del decreto?* ¿qué hacía en el Palacio de Miraflores en compañía del ciudadano Allan Brewer Carías horas antes de darse la lectura al decreto de gobierno de facto?. *La falta de respuesta y pruebas para desvirtuar la sospechas* fundadas que tienen el Ministerio Público, acerca de su participación en la redacción del decreto, son las razones por las cuales se considera innecesario hacer una ampliación de la imputación, *por cuanto en criterio del Ministerio Público no han demostrado que no participó*, sólo se han dedicado a plantear recursos temerarios que se traducen en dilaciones indebidas …"

De lo anterior se deduce, por tanto, que en la investigación penal que adelanta el Ministerio Público contra todos los imputados en el caso, nada más ni nada menos, que en criterio de la representación fiscal corresponde a la defensa de los imputados desvirtuar la imputación hecha, es decir, que corresponde a los imputados desvirtuar la sospecha que el Ministerio Público tiene de que supuestamente competieron algún delito. En otras palabras, la representación fiscal ha confesado ante el Juez de Control que no cumple ni cumplirá con su obligación de probar lo que imputa, pretendiendo invertir la carga de la prueba, y que entonces sean los imputados quienes prueben que no cometieron el delito que ella sospecha que cometieron, buscando incluso que los imputados sean quienes demuestren que no hicieron lo que ella imputa que hicieron, sin prueba alguna, sólo basándose en sospechas derivadas de chismes periodísticos.

El Ministerio Público en Venezuela simplemente se ha olvidado de sus obligaciones constitucionales y legales, violando abierta y groseramente el derecho constitucional a la presunción de inocencia que garantizan a todas las personas el artículo 49,2 de la Constitución y el artículo 8 del Código Orgánico Procesal Penal, y ello es imperdonable. Es simplemente inadmisible en derecho, que el Ministerio Público pretenda en este caso desligarse de las obligaciones constitucionales y legales que le imponen la ineludible necesidad de probar los supuestos hechos que imputa a diversos ciudadanos, y pretenda que sean los imputados quienes tengan la necesidad y obligación de probar que no cometieron los delitos que sin base alguna, sospecha que cometieron.

Insisto en señalar ante Ustedes, que conforme al sistema acusatorio, a los imputados no les corresponde la carga de la prueba de no haber cometido los hechos que el Ministerio Público les imputa. Es falso en derecho que corresponda a la defensa de los imputados desvirtuar lo que el Ministerio Público ha imputado o que le corresponda a los imputados desvirtuar las sospechas que pueda tener acerca de determinados hechos. Particularmente en este caso, la representación fiscal pretende que los imputados prueben que no participaron en la redacción del decreto del llamado gobierno de transición, cuando es el Ministerio Público y sólo el mismo quien tiene que probar que los imputados cometieron el delito de rebelión, y entre otras cosas que supuestamente habrían participado en la redacción de tal decreto, y más aún cuando ello ha sido negado los imputados, quienes en todo caso, están exentos de probar el hecho que han negado.

Estoy seguro que Ustedes, como abogados, tendrán el mismo asombro que yo he tenido ante esta actuación del Ministerio Público en Venezuela, que no sólo lesiona el derecho al libre ejercicio de la abogacía, sino el derecho constitucional al ejercicio de la presunción de inocencia.

Consideré mi deber exponer esta situación ante Ustedes, y agradezco de nuevo la oportunidad que me han dado para ello.

II. RESOLUCIÓN Nº 5 DE LA FEDERACIÓN INTERAMERICANA DE ABOGADOS ADOPTADA EN LA *XLI CONFERENCIA* CELEBRADA EN BUENOS AIRES, EN JUNIO DE 2005

Considerando: Que la Federación Interamericana de Abogados es una organización gremial estrictamente apolitica, profesional y académica;

Considerando: Que la Federación Interamericana de Abogados es un permanente foro, el cual tiene la inherente responsabilidad de promover y apoyar todos los procesos que favorezcan el fortalecimiento del Estado de Derecho y de la recta administración de justicia en todos los países del continente americano; así como sostener el honor de la profesión jurídica;

Considerando: Que producen honda preocupación en el seno de esta Federación las denuncias formuladas por el Capítulo Venezolano y el Presidente del Consejo Superior Permanente de la Federación de Colegios de Abogados de Venezuela con fecha 28 de junio de 2005 en la Cuadragésima Primera Conferencia celebrada en Buenos Aires, Argentina, en relación con las imputaciones formuladas contra abogados venezolanos por el solo hecho de haber dado opiniones jurídicas que les fueron requeridas en su condición de abogados;

Considerando: Que también producen honda preocupación en el seno de esta Federación el hecho denunciado por el Capítulo Venezolano y Consejo Superior Permanente de la Federación de Colegios de Abogados de Venezuela, en el sentido de que en el curso de la investigación de las referidas imputaciones se pueden haber vulnerado el derecho a la presunción de inocencia y a un debido proceso de ley,

LA FEDERACIÓN INTERAMERICANA DE ABOGADOS
RESUELVE:

1. Condenar enérgicamente la utilización de los mecanismos institucionales que coarten la libertad de ejercicio de la profesión de abogado y lesionen el honor de la profesión jurídica, así como toda actuación de los organismos de investigación criminal que signifiquen violación del derecho a la presunción de inocencia y al debido proceso de ley.

2. Facultar al Presidente de la Federación Interamericana de Abogados para que designe uno o más Consejeros que se trasladen a Caracas, República Bolivariana de Venezuela, en calidad de observadores, para que verifiquen *in situ* las denuncias formuladas e informen a los organismos de la Federación Interamericana de Abogados sobre el resultado de sus gestiones.

3. Solicitar a los observadores designados que, dentro del lapso de 30 días siguientes del cumplimiento de la misión encomendada, presenten el correspondiente informe ante la Secretaría General de la Federación Interamericana de Abogados y se autorice a ésta para que haga circular dicho informe ante quien considere conveniente y oportuno en defensa de los derechos humanos y de la libertad y dignidad de la profesión legal.

4. A tal efecto, se exhorta a las autoridades de la Federación de Colegios de Abogados de Venezuela y al Capítulo Venezolano de la Federación Interamericana de Abogados, para que presten su colaboración a los Consejeros designados en el cumplimiento de su misión.

ÍNDICE GENERAL

AMICUS CURIAE

PRESENTADO POR LA FEDERACIÓN INTERAMERICANA DE ABOGADOS (FIA) ANTE LA CORTE INTERAMERICANA DE DERECHOS HUMANOS. Caso 12.274, ALLAN R. BREWER-CARÍAS vs. VENEZUELA *Washington, D.C. 23 de Agosto de 2013*

APÉNDICE I

SOMETIMIENTO DEL CASO, INFORME DE FONDO Y ALEGATOS FINALES EN LA AUDIENCIA POR LA COMISIÓN INTERAMERICANA DE DERECHOS HUMANOS ANTE LA CORTE INTERAMERICANA DE DERECHOS HUMANOS, EN EL CASO 12.274, ALLAN R. BREWER-CARÍAS VS. VENEZUELA

APÉNDICE II

CONOCIMIENTO DEL CASO DEL PROFESOR ALLAN R. BREWER-CARÍAS POR LA FEDERACIÓN INTERAMERICANA DE ABOGADOS EN LA *XLI CONFERENCIA* CELEBRADA EN BUENOS AIRES, EN JUNIO DE 2005

www.ingramcontent.com/pod-product-compliance
Lightning Source LLC
Chambersburg PA
CBHW031938190326
41519CB00007B/582